GEMEINDE OFTERSCHWANG

Anlässlich Ihrer Eheschließung

am 18. Mai 2012 in Ofterschwang

erlauben wir uns, Ihnen dieses kleine Präsent

zu überreichen.

Alois Ried
Bürgermeister
Gemeinde Ofterschwang

Allgäuer Käse-Küche

Ortwin Adam

Allgäuer Käse-Küche

Franz Brack Verlag

An dieser Stelle möchte ich mich bei all jenen bedanken, die mir dabei geholfen haben, dass ich dieses Buch so präsentieren kann:

Beim Landkreis Oberallgäu und der Gemeinde Oberstdorf

Bei der Familie Annabell und Georg Feurstein Mittelberg-Kleinwalsertal

Kleinwalsertal Tourismus

Fotos: Brack-Verlag, Altusried

ISBN 978-3-930323-72-2
2. Auflage 2010

Zugspitzstraße 2a, 87452 Altusried
Telefon 08373/9205-20
Internet: www.brack-verlag.de

Inhaltsübersicht

Die Herstellung und Verwendung von Käse blickt im Allgäu auf eine 150-jährige Tradition zurück. Carl Hirnbein war der Begründer der Milchwirtschaft im Allgäu. Zwischen 1850 und 1900 hat sich der Wechsel vom Flachsanbau zu Viehzucht und Milchwirtschaft vollzogen. Diese Umstellung war auch ein Umbruch im Leben der Allgäuer Bevölkerung. Die Landschaft veränderte sich, aus dem „blauen" wurde das „grüne" Allgäu – so wie wir es heute in all seiner Schönheit kennen.

Unser Käse aus den Bergen ist für viele eine Besonderheit. Durch die traditionelle und unverfälschte Herstellung genießt er weit über die Grenzen des Allgäus hinaus einen guten Ruf.

Wenn dazu der schmackhafte Käse noch in einem guten Gericht verarbeitet wird, ist dies ein kulinarischer Hochgenuss. Bereits mit dem ersten Allgäuer Käsekochbuch wurde den Käsefreunden aufgezeigt, dass unzählige Käse-Variationen möglich sind. Die Fortsetzung wird noch viele weitere Rezepte hervorbringen, die das Wasser im Mund zusammenlaufen lässt.

In den vergangenen Jahrzehnten hat der Käse in unseren Küchen einen Aufschwung erlebt. Der Wegbereiter dafür war u. a. der Autor unserer zwei Allgäuer Käse-Kochbücher Ortwin Adam. Er macht in vielen seiner Rezepte deutlich, wie vielfältig und ideenreich der Allgäuer Käse zubereitet werden kann. Mit einer beeindruckenden Rezeptauswahl wird gut Bekanntes einmal anders verarbeitet – eine Reise durch die Käseküche kann beginnen.

In diesem Sinne wünsche ich allen Leserinnen und Lesern viel Spaß beim Nachkochen und lassen Sie sich den guten Allgäuer Käse in verschiedenen Variationen schmecken!

Ihr

Gebhard Kaiser
Landrat des Landkreises Oberallgäu

Historisches und Allgemeines rund um den Käse

Käse war schon eine Speise der Urgermanen, dies hat Caesar in seinem „Bellum Gallicum" schon überliefert. Kaiser Karl der Große erließ bereits 812 n. Chr. die erste Butter- und Käseverordnung. Es gab damals schon Normgrößen für Käse, weil diese auch als Zahlungsmittel dienten, d. h. die Bauern mussten eine bestimmte Anzahl (und damit auch ein bestimmtes Gewicht) Käse an die Grundherren abgeben. Die deutsche Käseverordnung von 1976 definiert Käse relativ einfach: „Käse sind frische oder in verschiedenen Graden der Reife befindliche Erzeugnisse, die aus dickgelegter Käsereimilch hergestellt werden. Käse ist also ein Konzentrat aus der Milch, es entsteht nur, wenn das Milcheiweiß zum Gerinnen gebracht wird. Vom Käsereifachmann wird dieser Vorgang als „dicklegen" bezeichnet. Für das Dicklegen gibt es zwei Möglichkeiten und daraus entstehen zwei große „Käsegruppen". Wird die Milch mit Hilfe von Milchsäurebakterien dickgelegt, dann entsteht Sauermilchkäse (Harzer Roller). Gerinnt die Milch durch Zusatz von Lab (aus dem Kälbermagen gewonnen), dann entsteht der sogenannte Süßmilchkäse. Dazu zählen alle Hart- Schnitt- und Weichkäse, außer Frischkäse wie Quark und Schichtkäse. Beim Frischkäse werden Lab und Milchsäurebakterien zum Dicklegen beigefügt. Wird Milch mit Milchsäurebakterien dickgelegt, entsteht Quark, beim „Labkäsen" entsteht der sogenannte Bruch. Den weiteren Verlauf der „Herstellung von Bergkäse und Emmentaler" können Sie im später folgenden Kapitel nachlesen.

Wie eingangs schon erwähnt, spielten die Römer in der Käsegeschichte eine große Rolle. Die Germanen waren eigentlich auf Sauermilchkäse spezialisiert, erst die Römer brachten ihnen das „Labkäsen" bei. Bevor der Emmentaler im 13. Jahrhundert geschichtlich erwähnt wird, gab es schon im 12./13. Jh. den französischen Roquefort, den Gruyere, Sbrinz, Pecorino, Gorgonzola (italienischer Schimmelpilzkäse) und andere Käsesorten.

Die Historie des Allgäuer Käses beginnt relativ spät, d. h. erst um 1820. Es waren Schweizer Sennen, die ins Allgäu gekommen sind und den hiesigen Bauern die „Fettkäserei" beigebracht haben. Ende des 18. Jh. spielte die „Labkäserei" noch keine Rolle. Das Allgäuer Landvolk lebte zu dieser Zeit mehr von Viehzucht, Kornanbau, Weberei und einfacher Milchwirtschaft. Die „Allgäuer Käsezeitrechnung" beginnt erst im Jahre

1821, wo der erste Emmentaler von Aurel Stadler in Weiler aus dem Salzbad gehoben wurde. 1827 wird auch der erste Emmentaler in Blaichach hergestellt. So richtig los ging es mit der „Rund- und Fettkäserei“ aber erst 1830.

Anfangs wurde der Käse nur auf der Alp und nur im Sommer in einfachen Hütten unter schwersten Bedingungen produziert. Erst ab 1840 richtete man sogenannte Winterkäsereien (Talkäsereien) in den Ortschaften ein.

Die Schweizer Sennen können mit Recht behaupten, dass die Wiege des Allgäuer Emmentalers und Bergkäses im Tal der Emme (Schweizer Kanton) stand.

Der Emmentaler war ursprünglich ein reiner Bergkäse, d. h. er wurde – wie schon erwähnt – nur im Sommer auf der Alp hergestellt. Bis ins 16. Jh. wurde der Emmentaler in kleineren Laiben produziert (4 - 12 kg), erst für den Käseexport stellte man große „Käseräder wie Mühlsteine“ her: so ein Emmentaler wog ca. 75 kg.

Die Qualität des Käses hängt von vielen Faktoren ab: „Der Käse kann nur so gut werden, wie die Milch es erlaubt“, ist eine alte Käserweisheit, d. h. wiederum, dass das Futter eine tragende Rolle spielt, auch die Erfahrung des Senners ist enorm wichtig.

Sauberes und gewissenhaftes Arbeiten ist unerlässlich. Das Futter muss ohne künstlichen Dünger sein, „Silagefutter“ ist verboten. Jeder Bergkäse ist ein Unikat, also einmalig.

Ich habe mich in diesem Buch bewusst nur mit den traditionellen Allgäuer Käsesorten befasst, da ich der Meinung bin, dass man auch diese vielfältig zubereiten kann, d. h. aber nicht, dass man sich den weiterentwickelten Sorten verschließen soll. Mit Emmentaler, Bergkäse, Romadur, Limburger, Backsteinkäse, Weißlacker, Ziegenkäse, Schafskäse und Zieger können wir unsere Speisekarten bereichern, da sich diese Käsesorten für Suppen, Vorspeisen, Hauptgerichte, Süßspeisen, Nachtisch und kalte Gerichte verwenden lassen.

Ich würde mir wünschen, mehr Allgäuer Käsesorten auf unseren Speisekarten zu finden und dass öfters phantasievolle Gerichte aus Allgäuer Käse zubereitet werden, das wäre mein Ziel mit diesem Buch. Es müssen ja nicht immer nur die Kässpatzen sein.

Beim Zubereiten der Gerichte aus diesem Buch wünsche ich Ihnen viel Spaß und Ihren Gästen „an Guete“.

Ihr Küchenmeister

Ortwin Adam

Die Herstellung von Bergkäse und Emmentaler

Das Prinzip der Herstellung ist bei beiden Käsesorten eigentlich gleich. Verwendet wird stets Rohmilch, wobei diese nur von Kühen stammen darf, welche nur silofreies und kunstdüngerfreies Futter bekommen haben.
Das Grünfutter muss von bester Qualität und kräuterreich sein. Bergkäse wird nur in naturbegünstigten Gebieten wie dem Allgäu, im Kleinwalsertal, im Bregenzerwald und der Schweiz hergestellt. Selbstverständlich gibt es noch andere privilegierte Naturlandschaften, wie z. B. in Südtirol, Frankreich usw., wo ähnliche Käsesorten hergestellt werden können.
An die Milch werden „käsereitaugliche" Anforderungen gestellt, wie: Reinheit, Zusammensetzung, Fettgehalt, Eiweißgehalt, niedriger Anteil an Säure. Die Milch kommt in den Kessel und wird auf einen Fettgehalt von 3 % eingestellt, d. h. ist die Milch zu fett, dann wird entrahmt, ist diese zu mager, dann wird Süßrahm beigegeben. Die Milch wird auf 30 - 32 °C erwärmt, dann kommt das Lab dazu; in 20 - 30 Minuten entsteht der sogenannte Bruch. Die Milch ist jetzt dickgelegt bzw. geronnen. Den Bruch schneidet der Senn mit der Käseharfe und zerkleinert ihn ca. 1 Stunde lang immer wieder. Unter ständigem Rühren wird diese Masse wieder auf 51°C erhitzt. Der Senner bezeichnet diesen Vorgang als „Brennen". Der Käsebruch wird nun in runde Holzformen (Ringe) gegeben und gepresst, dabei läuft die Molke ab. Der junge Bergkäse kommt nun in ein Salzbad. Dieses dient zur Förderung der Rindenbildung, der Geschmacksbildung und der Haltbarkeit.

Danach kommen die Käselaibe in den Gärkeller. Der Bergkäse kommt gleich in einen kühleren Raum, damit er von Anfang an langsam reift und kleine Löcher bekommt. Der Emmentaler reift zuerst in einem wärmeren Raum, so dass größere Löcher entstehen, aber nach einer gewissen Zeit wandert er in einen kühleren Keller, damit er dort langsam weiterreifen kann. Der Käse ist nach 3 - 4 Monaten reif. Er schmeckt aber besser, wenn er einem längeren Reifeprozess (6 - 8 Monate) unterzogen wird.
Das alles hört sich sehr einfach an – es ist ja auch nur eine einfache Beschreibung der Bergkäseherstellung –. Um einen guten Bergkäse (oder Emmentaler) herstellen zu können, braucht ein Senner bei seiner täglichen Arbeit aber enormes Fachwissen und vor allem auch große Erfahrung.

Romadur - Limburger - Backsteinkäse

Diese drei stangenförmigen Käsesorten sind eng miteinander verwandt und gehören zur Gruppe der Weichkäse. Sie haben keine Rinde, sondern sind von einer sogenannten Rotschmiere überzogen. Diese Rotschmiere entsteht durch die Behandlung des Käses mit „Bacterium linens", einer Schmieren bildenden Mikrobenkultur. Die Rotschmiere wird im Allgemeinen nicht mitgegessen, sondern vor dem Verzehr abgeschabt. Charakteristisch für diese Käsesorten ist ihr durchdringender Duft; sie schmecken kräftig und pikant. Als Brotzeitkäse werden sie in Bayern gerne gegessen, weil sie eben sehr gut zu Bier passen; genauso gut aber auch zu einem kräftigen Rotwein.
Ein Romadur wiegt ca. 150 g, der große Limburger ca. 500 - 560 g, der kleine Limburger ca. 270 g. Die Reifezeit hängt von der Größe und dem Gewicht ab; ca. 2-4 Wochen brauchen sie, um ihren typischen Geschmack zu entwickeln.
Der große Limburger wird wegen seiner Form und Größe auch Backsteinkäse genannt. Seinen Namen hat er von der belgischen Stadt und Provinz Limburg bei Lüttich. Woher der Romadur seine Bezeichnung hat, konnte nicht eindeutig nachgewiesen werden. Einige Käsewissenschaftler sind der Meinung, dass das Wort vom französischen „remoudre" (nachmelken) abstammt. Andere Käsehistoriker glauben, dass der fette spanische Schafskäse „Ramadon" der Namensgeber ist.

Weißlacker

Auch dieser Käse ist ein typischer Bierkäse. Den Namen hat er von seiner weißgelblichen Oberfläche und der lackartigen Schmiere. Der Weißlacker gehört derselben Familie an, wie der Limburger und der Romadur. Er schmeckt kräftig, pikant und verfügt über einen hohen Salzgehalt (über 7 %), deshalb darf er bei keiner Dult und schon gar nicht beim Oktoberfest fehlen. Der Weißlacker ist ein guter Freund der Festwirte, weil er den Bierdurst fördert. Bei diesem Käse scheiden sich wirklich die Geister, nicht nur des Geruchs wegen. Dem Weißlacker wird z. B. nachgesagt, dass er der ideale Zugbegleiter ist, denn er sorgt dafür, dass man ein Abteil für sich alleine hat ...
Über die Erfindung dieses pikanten Käses gibt es mindestens zwei Geschichten zu erzählen. Die erste besagt, dass die Gebrüder Anton und Josef Kramer aus Wertach im Allgäu diese Käsesorte bewusst entwickelt haben. Die zweite Geschichte erzählt, dass die Kramers einige zu salzige Limburger 10 Monate lang im Keller vergessen hätten, sich in dieser Zeit eine Lackschicht über die Käse gezogen habe und auf diese Weise dieses „Allgäuer Raubein" entstanden sei.
Bei der Herstellung des Weißlackers müssen die Bruchkörner walnussgroß sein. Dieser Bruch wird in Holzkästchen gegeben, danach in Würfel geschnitten, welche in Formkästchen 10 Monate reifen müssen.
Ein reifer Weißlacker ist schnittfest aber trotzdem geschmeidig und zart. Der Weißlacker wird im Allgäu nicht nur zur Brotzeit gegessen, sondern dient in so mancher Küche als Geschmacksverstärker, besonders für die Kässpatzen.

Zieger (Ziger)

In manchen Gegenden ist dieser Käse auch als Molkeneiweißkäse oder Albuminkäse bekannt. Der Zieger ist ein Produkt aus frischer Molke. Beim Erhitzen der Molke flockt das Eiweiß aus und wird abgeschöpft. Zieger ist eine weiche, krümelige und streichfähige Masse von weißer bis cremig-gelber Farbe. Zieger kann auch aus reiner Milch oder einer Milch-Molkemischung gewonnen werden. Diese Art von Zieger wird dann als Milchzieger, Molkezieger oder Mischzieger bezeichnet. Mit einer Ziege hat dieser Käse also nichts zu tun.

Ziegenkäse

Wie der Name schon sagt, ist Ziegenkäse der Käse aus der Milch von Ziegen. Wird deutscher Ziegenkäse als solcher deklariert, muss er zu 100 % aus Ziegenmilch bestehen. Aus dem Ausland kommt eine Bandbreite ähnlicher Käse, dem auch Kuh- oder Schafsmilch beigemengt werden darf.
Da der Fettanteil und der Anteil an Milcheiweiß etwas geringer als bei der Kuhmilch ist, ist es Menschen mit Milcheiweiß-Unverträglichkeit daher zum Teil möglich, reinen Ziegenkäse zu essen. Ziegenkäse ist auch deshalb gesund und qualitativ hochwertig, weil Ziegen sehr heikel bei der Auswahl ihres Futters sind, sie fressen eben nur die besten Kräuter, und diese enthalten viele Vitamine und Mineralstoffe und das ergibt wiederum eine erstklassige Milchqualität.
Bei der Herstellung wird die Ziegenmilch auf 32 °C erwärmt, dann wird das Lab (aus dem Kälbermagen) zugefügt und die Milch somit dickgelegt. Es dauert ca. 30 Minuten bis die Milch eine gallertartige Konsistenz erreicht. Danach wird das Ganze mit einem Messer in ca. 3 cm große Würfel geschnitten. Diesen Bruch lässt man noch etwas stehen, damit sich die Molke absetzen kann. Jetzt wird der Käse mit einem Siebschöpfer in Ziegenkäsmodel verteilt. Diese Käseförmchen sind rohrförmig und haben kleine Löcher, damit weitere Molke abfließen kann. Die Formen mit dem Ziegenkäse werden am Tag mehrmals umgedreht. Nach einem Tag entsteht eine feste Rolle, welche in 2 cm dicke Scheiben geschnitten wird. Diese Scheiben werden mit Salz bestreut.
Die Reifung dauert für einen milden Ziegenkäse 2-3 Tage. Lässt man den Käse länger reifen, dann kommt der „Ziegen"-Geschmack immer stärker durch. Alter Ziegenkäse hat eine gelbe Haut und ist innen weich.
Biologische Produkte werden grundsätzlich aus Bio-Ziegenmilch hergestellt. Beim Bio-Ziegenkäse ist auch gentechnisch erzeugtes Lab verboten; es darf nur natürliches Lab aus dem Kälbermagen verwendet werden sowie mikrobiell hergestelltes Lab, das aus Mikroorganismen (Schimmelpilz Mucor miehel) gewonnen wird. Die mit rein pflanzlichem Lab erzeugten Käsesorten sind besonders für Vegetarier interessant.

Schönegger
Käse Alm
SCHÄFERLAIB

Schafskäse

Schafskäse ist in der Regel ein Produkt aus Schafsmilch und hauptsächlich ein Weichkäse von halbfester bis fester, schnittfähiger Konsistenz. Die Herstellungsart ist mit der des Ziegenkäses zu vergleichen. Schafskäse wird meist in Salzlake oder Molke gelagert. Da die traditionelle handwerkliche Herstellung nur zu geringen Erträgen führte und die Nachfrage immer größer wurde, wird der Schafskäse heute in erster Linie industriell hergestellt und darf einen großen Anteil an Kuhmilch enthalten. In den EU-Ländern ist bei Schafskäse ein Mindestanteil von 15 % Schafsmilch vorgeschrieben. Steht auf dem Etikett „Schafskäse aus deutschen Landen", so muss der Anteil an Schafsmilch allerdings 100 % betragen. Schafskäse aus Ländern außerhalb der EU darf sogar weniger als 15 % Schafsmilch enthalten. Es ist also wichtig, aufs Etikett zu schauen!

Schafsmilch schmeckt süßlich und ist nahrhafter als Kuhmilch. Sie enthält weniger Wasser, dafür mehr Fett und Eiweiß. Schafsmilch hat auch einen höheren Gehalt an Calcium, Eisen und Kupfer als Kuhmilch.

Wird Schafskäse als biologisches Produkt aus Deutschland angeboten, dann ist auch 100 % Schafsmilch aus kontrolliert ökologischer Erzeugung vorgeschrieben.

Der Schafskäse hat meistens einen Fettgehalt von 45 % i. Tr. und verfügt über einen angenehmen Geschmack.

Abkürzungen-Zeichen-Mengen

Die Rezepte in diesem Buch sind für 4 - 5 Personen ausgerichtet. Damit Sie aber wissen, wie viel Sie nehmen sollen, beachten Sie einfach folgende Grundregeln:

Für sogenannte „dicke" (gebundene) Suppen reicht für 4 - 5 Personen 1 Liter Aufguss (Brühe, Fond, Milch), 40 - 50 g Mehl und 60 g Fett (meist Butter).

Bei Teigwaren, Schmalzgebackenem oder Nachtisch nimmt man 50 g Mehl für Beilagen, als Hauptspeise 100 - 120 g Mehl pro Person bzw. Portion.

Bei Fleisch braucht man, je nach Gericht und Zubereitungsart, 150 - 200 g ohne Knochen und 250 - 300 g mit Knochen.

Für Pfannkuchen oder ähnliche Gerichte 80 - 100 g Mehl für die Hauptspeise, 50 g Mehl als Nachtisch.

Bei Flädle als Suppeneinlage reichen 20 g Mehl pro Portion.

Abkürzungen:

1 Pr. = 1 Prise
1 EL = 1 Esslöffel
1 TL = 1 Teelöffel
1 St. = 1 Stück
1 Std. = 1 Stunde
1 Min. = 1 Minute
1 cl = 1 Zentiliter bzw. 1/100 Liter oder 10 ml
1 l = 1 Liter
1 Bd. = 1 kleiner Bund
1 Msp. = 1 Messerspitze
1 Ei = 50 g Ei

Allgäuer Käsesuppe I

Zutaten:
60 g Butter, 50 g Mehl, 200 g grob geriebener Bergkäse (6 - 8 Monate alt), ½ l Rinderbrühe, ½ l Milch, 1 Eigelb, 100 ml Sahne, Salz, Pfeffer, Muskat, 3 Scheiben Weißbrot (in Würfel schneiden und in Butter hellbraun rösten).

Zubereiten:
Die Butter erhitzen, das Mehl beigeben und das Ganze 5 Minuten schwitzen lassen (nicht braun werden lassen).
Mit Brühe und Milch (alles auf einmal!) aufgießen und sofort mit einem Schneebesen glatt rühren. Das Ganze ca. 10 Min. köcheln lassen; dabei immer wieder umrühren.
Den Käse dazugeben und unter ständigem Rühren die Suppe so lange leicht kochen lassen, bis sie eine glatte Konsistenz hat.
Eigelb und Sahne miteinander verquirlen und unterrühren, wobei die Suppe nun nicht mehr kochen darf, weil sie ansonsten gerinnt und „ausflockt". Mit Salz, Pfeffer und Muskat abschmecken. Die gerösteten Brotwürfel erst kurz vor dem Servieren auf die Suppe streuen.

Tipp:
Diese Suppe kann mit fein geschnittenem Bärlauch und etwas geschlagener Sahne verfeinert werden.

Romadur-Mostsüpple mit Schwarzbrotwürfel

▷

Zutaten:
140 g magerer Speck (in Würfelchen), 80 g Butterschmalz, 2 mittelgroße Zwiebeln (kleine Würfel), ½ Knoblauchzehe (fein zerdrückt), 30 g Mehl, ½ l Most, ½ l Fleischbrühe, 300 g Romadur (kleine Würfel), Salz, Pfeffer, Muskat, ½ TL Kümmel, 4 EL fein geschnittener Zwiebellauch („Schnattern"), 200 ml Sahne, 4 Schwarzbrotscheiben.

Zubereiten:
Die Speckwürfel in Butterschmalz anbraten, Zwiebeln, Kümmel und Knoblauch dazugeben und mitrösten.
Mit Mehl bestäuben und 5 Min. schwitzen lassen.
Das Ganze mit der Brühe und dem Most auffüllen (alles auf einmal hineinschütten), danach sofort glatt rühren und 5 Min. leicht köcheln lassen.
Den Romadur beigeben und unter ständigem Rühren nochmals 5 Min. leicht kochen lassen.
Wenn der Käse geschmolzen, die Suppe sämig und glatt ist, die Sahne unterrühren und abschmecken.
Die Suppe in einer Terrine (Suppenschüssel) anrichten, geröstete Schwarzbrotwürfel und Zwiebellauch daraufstreuen.

Käsesuppe II

Zutaten:
60 g Butterschmalz, 40 g Mehl, ¾ l Fleischbrühe, ¼ l Sahne, 1 Zwiebel (feine Würfel), 1 Knoblauchzehe (fein gehackt), 50 g Lauch (feine Würfel), 1 kl. Bd. Schnittlauch (fein geschnitten), 4 große Ecken kräftiger Schmelzkäse, 3 EL Sauerrahm, 1 Semmel vom Vortag (kleine Würfel), Salz, Pfeffer, Muskat.

Zubereiten:
Butterschmalz erhitzen und darin die Zwiebel, den Lauch und Knoblauch anschwitzen, das Mehl beigeben und weitere 5 Min. schwitzen lassen.
Mit Brühe und Sahne auffüllen, sofort glatt rühren und unter ständigem Rühren ca. 20 Min. köcheln lassen.
Die Käseecken zerkleinern, in die Suppe geben und so lange rühren, bis sie sämig und glatt ist. Mit Salz, Muskat und Pfeffer würzen. Zum Schluss den Sauerrahm unterrühren.
Kurz vor dem Servieren die gerösteten Semmelwürfelchen und den Schnittlauch auf die Suppe streuen.

Bäuerliche Spinat-Käsesuppe

▷

Zutaten:
500 g frischer junger Spinat, ½ l Fleischbrühe, ½ l Milch, 200 g fein geriebener alter Bergkäse, 2 EL fein gehackter Kerbel (oder Kresse), 100 g Sauerrahm, Salz, Pfeffer, Muskat, 4 Scheiben Weißbrot (in Würfel geschnitten), 1 Knoblauchzehe (fein zerdrückt), 50 g Butterschmalz.

Zubereiten:
Vom Spinat die Stiele entfernen. Die Blätter waschen und in kurze, feine Streifen schneiden. Die Milch mit der Brühe aufkochen, den Käse dazugeben und so lange köcheln lassen, bis sich der Käse aufgelöst hat.
Spinat beigeben und kurz miterhitzen.
Die Suppe mit dem Kerbel und dem Sauerrahm verfeinern und mit den Gewürzen abschmecken.
Die Brotwürfelchen im Butterschmalz mit dem Knoblauch hellbraun rösten und kurz vor dem Anrichten auf die Suppe geben.

Kartoffelsuppe mit Romadur

Zutaten:
700 g mehlig kochende Kartoffeln, 100 g Lauch (kleine Würfel), 120 g Butter, ½ l Fleischbrühe, 200 g Romadur, 100 ml Sauerrahm, Pfeffer, Muskatnuss, Salz, 1 kl. Bd. Schnittlauch.

Zubereiten:
Kartoffeln waschen, schälen und in kleine Würfel schneiden.
Lauch und Kartoffeln in der Butter anschwitzen, mit der Brühe aufgießen.
Das Ganze ca. 20 Min. kochen lassen, danach mit einem Mixstab pürieren oder durch ein Sieb streichen.
Den Käse in kleine Würfel schneiden, in die Suppe geben und ca. 5 Min. leicht mitkochen lassen.
Zum Schluss den Sauerrahm unterrühren und abschmecken.
Vor dem Servieren die Suppe mit Schnittlauch bestreuen.

Tipp:
Ist die Suppe zu dick, kann sie mit Milch oder Sahne verdünnt werden.

Geröstetes Weißbrot dazu servieren.

Mangoldsuppe mit Ziegenkäse

▷

Zutaten:
50 g Butter, 1 Zwiebel (Würfelchen), 250 g Kartoffeln (kleine Würfel), 1 l Ziegenmilch, ½ l Fleischbrühe, 50 g Reis, 200 g Mangold, 150 g Ziegenkäse, Salz, Pfeffer, ½ Knoblauchzehe (fein zerdrückt), 1 Döschen Safran (0,1 g), etwas trockenen alten Ziegenkäse (fein gerieben).

Zubereiten:
Zwiebeln und Knoblauch in Butter anschwitzen, Kartoffelwürfel, Safran und Reis dazugeben, mit der Milch und der Brühe auffüllen und so lange kochen lassen, bis der Reis und die Kartoffeln weich sind. Nach ca. 20 Minuten mit dem Mixstab pürieren.
Den Mangold waschen, putzen, in feine kurze Streifen schneiden und in Butter anschwitzen.
Den Ziegenkäse zerkleinern, in die Suppe geben und schmelzen lassen.
Den Mangold untermengen, die Suppe nochmals aufkochen lassen und vor dem Servieren mit geriebenem Ziegenkäse bestreuen.

Limburger Käsesuppe

Zutaten:
100 g Kochschinken (fein gewürfelt), 6 Schalotten (feine Würfel), 20 g Mehl, 60 g Butter, ½ l Fleischbrühe, ½ l Apfelwein, 400 g Limburger Käse (in kleine Würfel schneiden), 2 EL fein gehackte Petersilie, 100 ml Sahne, Salz, Pfeffer, Muskat.

Zubereiten:
Die Schalottenwürfel in der Butter anschwitzen. Den Schinken beigeben und kurz mitrösten, das Mehl dazugeben und ca. 5 Minuten schwitzen lassen. Mit der Brühe und dem Apfelwein aufgießen (alles auf einmal), danach sofort mit dem Schneebesen glatt rühren und aufkochen.
Den Käse unterrühren und die Suppe noch ein paar Minuten köcheln lassen, bis sie glatt und sämig ist.
Die Suppe mit Sahne und gehackter Petersilie verfeinern und würzen.

Dazu passt weißes Stangenbrot.

Gratinierte Zwiebelsuppe

▷

Zutaten:
5 große Zwiebeln (in Streifen), 1 Knoblauchzehe (fein zerdrückt), 80 g Butter, 1 l Fleischbrühe, ⅛ l trockener Weißwein, Salz, Pfeffer, 100 g Emmentaler (gerieben), 1 TL Paprika edelsüß, 4 Scheiben Stangenweißbrot.

Zubereiten:
Zwiebeln mit Knoblauch in Butter anschwitzen, mit Weißwein ablöschen und mit der Brühe auffüllen.
Die Suppe ca. 20 Min köcheln lassen, evtl. noch etwas Brühe nachfüllen und mit Salz und Pfeffer würzen. In der Zwischenzeit den geriebenen Käse auf die Brotscheiben geben, mit Paprika bestreuen und im vorgeheizten Ofen bei 250 °C überbacken.

Die Zwiebelsuppe in Tassen anrichten und jeweils einen „Käsecrouton“ daraufgeben.

Bacchus
2002
KABINETT
Qualitätswein mit Prädikat
A.P. Nr. 7 907 222 03 03
0,5L

Walliser Käsesuppe

Zutaten:
80 g Rohschinken (feine Streifen), 250 g Weißbrot vom Vortag (ohne Rinde, in Würfel), 1 ½ l Fleischbrühe, 70 g Butter, 250 g Allgäuer Emmentaler (fein gerieben), ¼ l Weißwein, Salz, Pfeffer, 2 kleine Zwiebeln (geschält, in Ringe geschnitten), 4 - 5 Scheiben Schwarzbrot (in Butter geröstet).

Zubereiten:
Die Weißbrotwürfel in Butter anrösten und mit der Fleischbrühe auffüllen. Das Ganze zum Kochen bringen, den Käse unterrühren und alles so lange köcheln lassen, bis der Käse sich gut aufgelöst hat.
Den Weißwein dazugeben und nochmals erhitzen. Die Zwiebeln und die Rohschinkenstreifen in Butter rösten und damit die angerichtete Suppe abschmälzen.

Dazu gibt es geröstete Schwarzbrotscheiben.

Klostersuppe

▷

Zutaten:
2 Zwiebeln (Würfelchen), 2 Knoblauchzehen (fein zerdrückt), 2 kleine junge Lauchstangen (in Ringe schneiden), 50 g mageren Speck (Würfelchen), 8 Scheiben Bauernbrot (Würfel), je ½ TL Majoran, Liebstöckel und Kümmel (fein gehackt), Pfeffer, 1 l Fleischbrühe, 120 g Allgäuer Emmentaler (grob gerieben), 1 Bd. Schnittlauch, 50 g Griebenschmalz.

Zubereiten:
Die Speckwürfel im Griebenschmalz anbraten. Zwiebelwürfel, Lauchringe und Knoblauch mitschwitzen, die Brotwürfel dazugeben und mitrösten. Die Gewürze beigeben, mit der Brühe aufgießen und aufkochen lassen.
Den grob geriebenen Käse unter die Suppe rühren und schmelzen lassen.

Die Suppe in einer Terrine anrichten und mit fein geschnittenem Schnittlauch oder mit fein gehacktem Liebstöckel bestreuen.

Rosenkohlsuppe mit Emmentaler

Zutaten:
400 g Rosenkohl, 40 g Butter, ¾ l Fleischbrühe, ⅛ l Sahne, 80 g Rohschinken, 2 geschälte Kartoffeln (kleine Würfel), 5 EL fein geriebener Emmentaler, 2 EL Sauerrahm, Salz, Pfeffer, Muskat.

Zubereiten:
Den Rosenkohl putzen, waschen, vierteln, in Butter anschwitzen; die Kartoffelwürfel dazugeben.
Mit der Brühe und Sahne aufgießen, ca. 20 Minuten köcheln lassen.
Während die Suppe kocht, den Rohschinken in kleine Würfel schneiden und dazugeben.
Mit Pfeffer, Muskat und Salz abschmecken.

Die Suppe in einer Terrine oder in Suppentellern anrichten, mit dem fein geriebenen Emmentaler bestreuen und mit einem „Klecks" Sauerrahm garnieren.

Petersilienwurzelsuppe mit Käsekrusteln

▷

Zutaten:
500 g Petersilienwurzeln, Saft von ½ Zitrone, 50 g Mandelstifte, ½ l Milch, ¼ l Weißwein, ½ Knoblauchzehe (fein zerdrückt), 1 Pr. Zucker, 1 Pr. Salz, 4 Scheiben Stangenweißbrot, 100 ml Sahne, 1 Eigelb, 80 g fein geriebener Bergkäse, ½ TL Paprika edelsüß.

Zubereiten:
Die geputzten und geschälten Petersilienwurzeln in kleine Würfel schneiden, danach in Salzwasser mit etwas Zitronensaft weich kochen (nur knapp mit Wasser bedecken!).
Die gekochten Petersilienwurzeln mit der Koch-Brühe und den Mandeln im Mixer pürieren.
Diesem „Petersilienmus" die Milch beigeben und aufkochen, danach erst den Weißwein dazugeben und ca. 10 Minuten köcheln lassen.
Die Suppe mit Salz, Pfeffer und Zitronensaft würzen und die Hälfte der Sahne unterrühren.
Die restliche Sahne steif schlagen, das Eigelb und den Käse unter die Sahne rühren.
Diese Käsemasse auf das Weißbrot streichen, mit Paprika bestreuen und im vorgeheizten Ofen bei 250 °C überbacken.
Die Suppe in Tassen anrichten und jeweils ein „Käsecrouton" daraufgeben.

Tipp:
Ist die Suppe zu dick, kann mit Sahne oder Milch verdünnt werden.

GÄU

Kalte Gurkensuppe mit Ziegenkäse

Zutaten:
2 mittelgroße Salatgurken, (ca. 1 kg), 1 kl. Bund Dill, 2 Knoblauchzehen, 200 g Ziegenkäse (kleine Würfel oder „zerbröckelt"), ¼ l Schlagsahne, Salz, Pfeffer aus der Mühle.

Zubereiten:
Gurken waschen, schälen, der Länge nach halbieren, entkernen und in Würfel schneiden.
Den Knoblauch schälen und klein schneiden.
Dill zupfen und hacken.
Alle Zutaten zusammen mit der Sahne im Mixer fein pürieren.
Die Suppe mit einem Dillsträußchen garnieren.

Dazu passt ein warmes Baguette oder Roggenbrötchen mit Butter.

Ist die Gurkensuppe zu dick, dann kann mit Milch oder einer fettlosen kalten Bouillon verdünnt werden.

Käse-Bierkrusteln

▷

Zutaten:
60 g Bergkäse (fein gerieben), 1 EL Bier, 1 Eigelb, ½ TL Paprika edelsüß, 4 Scheiben Toastbrot.

Zubereiten:
Den Käse mit Bier, Eigelb und Paprika zu einer streichfähigen Masse verrühren.
Diese Käsemasse auf leicht getoastetes Weißbrot streichen und im Ofen bei 250 °C hellbraun backen.

Die überbackenen Weißbrotscheiben in Rauten oder Quadrate schneiden und in heißer Fleischbrühe servieren.

Ziegernockerl mit Estragon

Zutaten:
20 g weiche Butter, 1 Eigelb, 100 g Zieger (oder grober, trockener Topfen), 1 EL gehackter Estragon, 40 g Weißbrot ohne Rinde (Würfelchen), 20 g Grieß, Salz, Pfeffer, Muskat.

Zubereiten:
Die Butter mit dem Eigelb schaumig rühren.
Zieger, Estragon, Brotwürfel, Grieß, und Gewürze dazugeben und rühren, bis eine glatte, formbare Masse entsteht. Diese Masse ca. 30 Min. ruhen lassen (zum Quellen!).
Mit einem Teelöffel gleichmäßige glatte ovale Klößchen formen, diese ins kochende Salzwasser geben und ca. 10 Minuten ziehen lassen (nicht kochen!).

Die Ziegernockerl in heißer Fleischbrühe mit gehacktem Estragon servieren.

Käse-Kräuterflädle

▷

Zutaten:
100 g Mehl, 2 Eier, ¼ l Milch, 50 g fein geriebener Bergkäse, Salz, Pfeffer, Butter zum Ausbacken, 2 EL fein gehackte Kräuter (Petersilie, Schnittlauch).

Zubereiten:
Das Mehl mit der Milch glatt rühren, erst danach die Eier unterrühren und den Käse sowie die Hälfte der Kräuter beigeben.
Den Teig gut glatt rühren und davon dünne Pfannkuchen herstellen.
Die Pfannkuchen zum Erkalten auf ein Gitter legen (dabei tropft auch das überschüssige Fett ab).
Diese Flädle in feine, ca. 4 cm lange Streifen schneiden.

Die Käsekräuterflädle in heißer Fleischbrühe mit den übrigen gehackten Kräutern servieren.

Käsebiskuit

Zutaten:
4 Eigelb, 4 Eiweiß, Salz, Muskat, 60 g Mehl, 40 g Emmentaler, 40 g Bergkäse (beide Käse fein gerieben), 40 g zerlassene Butter, 1 TL gehackter frischer Estragon (ersatzweise andere frische Kräuter).

Zubereiten:
Eigelb schaumig rühren.
Das Eiweiß mit 1 Pr. Salz zu steifem Schnee schlagen.
Den Eischnee zum Eigelb geben und mit dem Mehl und dem Käse vorsichtig vermengen (mit dem Schneebesen!).
Die flüssige lauwarme Butter unterrühren.
Diese Masse ca. 1 cm dick auf ein Backpapier streichen und bei 220 °C ca. 5 - 8 Min. backen, bis sie schön hellbraun ist.
Den gebackenen Biskuit erkalten lassen, vom Papier ablösen und in kleinere Quadrate, Streifen oder Rauten schneiden.

Die Käsebiskuits in heißer Brühe mit gehacktem Estragon servieren.

Allgäuer Käseknödel

▷

Zutaten:
Knödelbrot von 4 Semmeln, 2 Eier, 1 EL gehackte Petersilie, 1 kleine Zwiebel (Würfelchen), 100 ml Milch, 30 g Butter, Pfeffer, Salz, 1 TL Majoran, 50 g gekochter, geräucherter Speck (Würfelchen), 70 g fein geriebener alter Bergkäse, evtl. Semmelbrösel, Schnittlauch.

Zum Füllen:
1 - 2 cm große Würfel vom Bergkäse.

Zubereiten:
Speckwürfelchen in Butter anbraten, Zwiebeln und Petersilie mitschwitzen, den Majoran dazugeben.
Die Milch aufkochen und über das Knödelbrot schütten.
Eier, Käse und die Speck-Kräuter-Zwiebel-Masse dazugeben.
Das Ganze gut vermengen. Sollte der Teig zu weich sein, so viel Semmelbrösel dazugeben, wie nötig sind, um die Masse zu binden.
Den Teig 10 Minuten stehen lassen, danach die Knödel formen.
In jeden Knödel ein Loch hineindrücken und mit einem Würfel Bergkäse füllen.
Die Knödel gut glatt abdrehen und ins kochende Salzwasser geben.
10 Minuten leicht köcheln, danach 10 Minuten ziehen lassen.

Die Käseknödel in heißer Fleischbrühe mit Schnittlauch servieren.

Käsestrudel

▷

Zutaten:
Für den Teig:
250 g Mehl, 1 Pr. Salz, 2 EL Öl, 1 Ei, 100 ml lauwarmes Wasser.

Aus diesen Zutaten einen glatten, geschmeidigen Strudelteig herstellen und in einer Klarsichtfolie 1 Std. ruhen lassen (auch fertig gekaufter Strudelteig ist geeignet).

Für die Füllung:
1 kleine Stange Lauch, 120 g Champignons, Saft von ½ Zitrone, 1 Zwiebel, 30 g Butter, 3 EL Sauerrahm, Salz, Pfeffer, 200 g gekochter Schinken (dünne Scheiben), 250 g Emmentaler (dünne Scheiben), 3 EL gehackte Petersilie, 1 TL Kümmel, 1 Eigelb, 2 EL Sahne, 1 Eiweiß, 2 EL Semmelbrösel.

Zubereiten:
Den Lauch putzen, waschen und in Ringe schneiden.
Champignons putzen, waschen und in Scheibchen schneiden, danach mit wenig Zitronensaft vermengen, damit diese nicht braun werden.
Zwiebel schälen, halbieren und in Streifen schneiden.
Butter in der Pfanne erwärmen, die Zwiebeln anschwitzen, Lauch und Pilze beigeben.
Das Ganze 5 Minuten dünsten lassen und dann kalt stellen.
Das Gemüse mit dem Sauerrahm, den Semmelbröseln, Salz, Pfeffer und Muskat vermengen.
Den Strudelteig auf einem bemehlten Tuch ausrollen, danach noch etwas dünner „ausziehen“.
Das Eiweiß verquirlen und damit die äußeren Ränder des Teiges bestreichen.
⅔ des Teiges mit den Schinkenscheiben belegen, danach die Käsescheiben daraufgeben, das Gemüse darüber verteilen und das Ganze mit Petersilie bestreuen.
Den Strudel zusammenrollen, mit der „Naht“ nach unten auf ein gebuttertes Backblech legen.
Eigelb mit Sahne verrühren, den Strudel damit bestreichen, etwas Kümmel darüberstreuen.
Den Strudel bei 180 °C ca. 40 Min. backen, herausnehmen und erst nach einer Ruhezeit von 5 Minuten aufschneiden.

Dazu passen verschiedene Blattsalate.

Backsteinkäse im Bierteig

Zutaten:
16 Scheiben Backsteinkäse (ca. 1 cm dick), etwas Mehl, Butterschmalz zum Ausbacken.

Für den Bierteig:
300 g Mehl, ½ l Bier, 2 - 3 Eier, etwas Salz.

Mehl, Bier, Eier und Salz zu einem dicklichen Teig vermengen.

Zubereiten:
Die Käsescheiben beidseitig in Mehl wenden, danach durch den Bierteig ziehen und im heißen Schmalz bei 170 °C ausbacken.

Dazu passt Feldsalat aber auch ein frisch zubereitetes Preiselbeerkompott.

Tipp:
Der Teig kann auch mit Milch, Most oder auch mit Weißwein gemacht werden.

Gefüllte Schinken-Spargelröllchen

Zutaten:
12 Stangen gekochter Spargel, 4 große Scheiben gekochter Schinken, 4 kleine Tomaten (in Scheiben schneiden), 4 große Scheiben Emmentaler, 8 große Basilikumblätter oder ½ TL getrocknetes Basilikum.

Zubereiten:
Je 3 Spargelstangen in eine Schinkenscheibe einrollen, diese in eine gebutterte Form legen, die Tomatenscheiben darauf verteilen.
Basilikumblätter oder das getrocknete Basilikum auf die Röllchen geben.
Mit dem Käse belegen und bei 220 °C im Backrohr ca. 5 Minuten überbacken.

Dazu passt Stangenweißbrot; auch Petersilienkartoffeln können dazu gereicht werden.

GWF
FRANKEN
PRÄDIKATSWEIN
SILVANER
TROCKEN

Gratinierte Käsenocken in Dillsauce

Zutaten für die Brandmasse:
¼ l Wasser, 100 g Butter, 200 g Mehl, 5 Eier, Salz, 1 Msp. Backpulver, 80 g fein geriebener Emmentaler.

Für die Dillsauce:
30 g Butter, 1 TL Mehl, 1 Zwiebel (Würfelchen), 2 Bd. Dill (fein hacken), 0,2 l Sahne, ⅛ l trockener Weißwein, Salz, Muskat.

Außerdem:
Butter zum Einfetten.
70 g fein geriebener Emmentaler zum Überbacken.

Brandmasse zubereiten:
Wasser mit Butter und Salz aufkochen, das Mehl auf einmal dazugeben und sofort mit dem Kochlöffel rühren; so lange rühren, bis sich der Teig vom Topf löst und am Boden eine weiße Schicht entsteht.
Den Teig aus dem Topf nehmen und in eine Schüssel geben.
Die Eier nach und nach (einzeln!) unterrühren; die Masse danach abkühlen lassen, das Backpulver und den Käse unterrühren.
Von der „Brandmasse" mit einem Teelöffel kleine Nockerl abstechen, ins kochende Salzwasser geben und ca. 10 Min. gar ziehen lassen.

Dillsauce zubereiten:
Zwiebelwürfelchen in Butter anschwitzen, 1 TL Mehl (nicht mehr!) dazugeben und 2 Minuten leicht schwitzen lassen, mit der Sahne auffüllen und sofort mit dem Schneebesen glatt rühren. Diese Sauce ca. 2 Minuten köcheln lassen, den Weißwein dazugeben, nochmals aufkochen und den gehackten Dill beigeben, mit Salz und Muskat würzen.

Fertigstellen:
Eine feuerfeste Form ausbuttern, die Nockerl mit einer Schaumkelle aus dem Wasser nehmen, gut abtropfen lassen und in die Form legen.
Dillsauce über die Käsenockerl verteilen, mit Käse bestreuen und bei 220 °C ca. 10 Min. im Ofen überbacken, bis sie hellbraun sind.

Tipp:
Diese Käsenockerl können auch auf Blattspinat angerichtet werden, dazu würden Petersilienkartoffeln passen. So serviert wären sie auch als Hauptgericht geeignet.

Allgäuer Käsefladen (Allgäu-Pizza)

▷

Zutaten für den Teig:
300 g Mehl, 20 g Hefe, 1/8 l lauwarmes Wasser, 2 EL Olivenöl, 1 Pr. Salz.

Zum Belegen brauchen Sie:
100 g geriebenen Bergkäse, 100 g Emmentaler (gerieben), 100 g Romadur (dünne Scheiben), 400 g Tomaten, 1 Knoblauchzehe, 2 EL Olivenöl, Salz, Pfeffer.

Zubereiten des Hefeteiges:
Das Mehl in eine Schüssel geben, eine Mulde bilden, in diese die Hefe hineinbröseln und das lauwarme Wasser darüberschütten, das Öl dazugeben und das Ganze zu einem glatten Teig verarbeiten.
Den Teig in eine andere Schüssel geben, mit einem Tuch zudecken und an einem warmen Ort bis zum doppelten Volumen „gehen" lassen.
Jetzt erst das Salz dazugeben und den Teig nochmals gut verarbeiten.
Den fertigen Teig in 2 oder 3 Stücke teilen, mit der Hand zu Kugeln formen, danach mit einem Rollholz zu dünnen Fladen ausrollen (Durchmesser ca. 27 cm).
Die Teigfladen in dem entsprechende runde Kuchenformen geben und mit Tomatenscheiben belegen.
Den Knoblauch in hauchdünne Scheiben schneiden und auf die Tomaten legen, mit wenig Salz und Pfeffer würzen.
Das Ganze mit wenig Olivenöl beträufeln und darauf den Käse gleichmäßig verteilen.
Bei 220 °C im vorgeheizten Ofen backen.

Tipp:
Sie können dem Belag auch dünne, magere Speckscheiben und Zwiebelringe beigeben.
Man kann auch den ganzen Teig zu einem Viereck ausrollen, auf ein Backblech geben und belegen.
Hefeteig bzw. Pizzateig gibt es auch fertig zu kaufen.

Im Sommer passt dazu Blattsalat, im Winter ist ein Glühmost etwas Feines (Apfelmost mit Zucker, Nelke, Zimtschale, Orangen- und Zitronenschale erhitzen).

Gebackener Ziegenkäse

Zutaten:
400 g Ziegenschnittkäse, 1 EL Paprikapulver edelsüß, 3 EL Mehl, 2 Eier, 200 g Semmelbrösel, Fett zum Ausbacken.

Zubereiten:
Ziegenkäse in 1 cm dicke Scheiben schneiden.
Das Mehl mit dem Paprikapulver mischen.
Den Käse im Paprikamehl wenden, durch verquirltes Ei ziehen und mit den Semmelbröseln panieren, danach den Käse nochmals durchs Ei ziehen und mit den Bröseln ein zweites Mal panieren (ergibt eine bessere Kruste!).
Den panierten Käse bei 180 °C schön hellbraun ausbacken und auf einem Küchenkrepp abtropfen lassen.

Dazu passt Feldsalat mit gerösteten Brotwürfelchen und Speckzwiebeln oder Tomatensalat.

Tipp:
Auf diese Art können Sie auch andere Käsesorten zubereiten (Bergkäse, Emmentaler, Schafskäse).

Kohlrabi im Knusperkleid

▷

Zutaten:
4 kleine junge Kohlrabi, Salz, Pfeffer, Saft von 1 Zitrone, 2 EL Öl, ½ TL Kräuter der Provence, 3 Eier, 100 g Mehl, ⅛ l trockener Weißwein, 100 g fein geriebener Bergkäse, Fett zum Backen, 4 Zitronenschnitze (Spalten) zum Garnieren.

Zubereiten:
Kohlrabi vom Blätteransatz und Strunk befreien und schälen.
4 Herzblätter auf die Seite legen, waschen und fein hacken.
Die Kohlrabiknollen in viel Salzwasser ca. 15 - 20 Min. kochen, so dass sie noch einen „Biss“ haben.
Die Kohlrabi in 1 cm dicke Scheiben schneiden und mit Zitronensaft, Öl, Kräuter der Provence, den gehackten Herzblättern und Pfeffer 30 Min. marinieren.
Aus Mehl, Weißwein, Eiern und geriebenem Käse einen dickflüssigen Teig herstellen.
Das Backfett auf 170 - 180 °C erhitzen.
Die Kohlrabischeiben etwas salzen, einzeln durch den Teig ziehen, im heißen Fett beidseitig hellbraun und knusprig ausbacken.
Die gebackenen Kohlrabischeiben auf Küchenkrepp legen und abtropfen lassen.
Dazu passen Tomatensauce und gekochte Schinkenscheiben sowie Zitronenspalten.

Tipp:
Auf diese Art kann auch Fenchel oder Knollensellerie zubereitet werden.

Topfenküchlein mit frischen Kräutern

Zutaten:
500 g Topfen (grober, trockener Quark), 3 Eigelb, 3 Eiweiß (zu Schnee schlagen), Salz, weißer Pfeffer, 2 EL Sauerrahm, 100 g Grieß, 3 EL grobe Haferflocken, 5 EL frische gehackte Kräuter (Petersilie, Kresse, Schnittlauch, Sauerampfer, Brennnessel, Dill), Butterschmalz zum Braten.

Zubereiten:
Topfen, Eigelb, Grieß, Haferflocken, Salz, Pfeffer, Sauerrahm und die Kräuter miteinander vermengen; den Eischnee unterheben.
Sollte die Masse zu weich bzw. zu nass sein, dann geben Sie einfach noch Haferflocken dazu.
Diese Masse 10 - 15 Min. ruhen lassen.
Mit einem Esslöffel kleine Küchlein formen und im Butterschmalz bei mittlerer Hitze langsam auf beiden Seiten schön hellbraun braten.

Dazu passen verschiedene Blattsalate, aber auch Tomatensalat.

Gemüse-Käsesteak auf Zwiebelsauce

▷

Zutaten:
4 Semmeln vom Vortag, ¼ l Milch, 2 Eier, 2 EL gehackte Kräuter (Petersilie, Schnittlauch, Majoran), 200 g Gemüse in feine Würfel geschnitten (Karotten, Zucchini, bunte Paprika, Champignons, Lauch), 60 g geriebener Emmentaler, 60 g geriebener Bergkäse, Salz, Pfeffer, 1 EL Butterschmalz.

Für die Sauce:
2 geputzte, gewaschene, in Ringe geschnittene Lauchzwiebeln (Frühlingszwiebeln), 50 g Speckwürfelchen, 2 EL gehackte Kräuter (Petersilie, Schnittlauch), ½ EL Butter, ¼ l braune Grundsauce, Salz, Pfeffer aus der Mühle, ½ Knoblauchzehe (fein zerdrückt).

Zubereiten der Gemüse-Käsesteaks
Die Gemüsewürfel blanchieren (in Salzwasser kurz aufkochen, danach in kaltem Wasser abschrecken und in einem Sieb gut abtropfen lassen).
Semmeln in kleine Würfel schneiden, die Milch erhitzen und darüberschütten, das Ganze etwas abkühlen lassen, danach die Eier und die Kräuter untermengen.
Den geriebenen Käse und die vorgekochten Gemüsewürfel zur Semmelmasse geben, gut miteinander vermengen, mit Salz und Pfeffer würzen.
Aus der Masse 8 kleine Steaks formen, im heißen Butterschmalz 10 - 15 Minuten beidseitig braten, so dass sie schön braun und knusprig sind.

Die Sauce:
Die Speckwürfel in Butter anbraten, die geschnittenen Frühlingszwiebeln und den Knoblauch dazugeben, das Ganze miteinander anschwitzen, danach mit der braunen Grundsauce auffüllen, 3 - 4 Minuten köcheln lassen, die Kräuter dazugeben und mit Salz und Pfeffer würzen.

Anrichten:
Die Sauce auf vorgewärmte Teller verteilen, darauf die Gemüse-Käsehacksteaks platzieren. Dazu passt Blattspinat oder Mangold.

Alp-Vesper (Schübling mit Romadur)

Zutaten:
300 g Romadur, 400 g Schübling, 4 Scheiben Bauernbrot, 3 Zwiebeln, 2 EL Butter, 2 EL Senf. ½ TL Kümmel, ½ TL Paprikapulver, Petersilie zum Garnieren.

Zubereiten:
Zwiebeln schälen, in Ringe schneiden und in Butter hellbraun rösten.
Schüblinge im Wasser erhitzen, die Haut abziehen und der Länge nach halbieren.
Die Brotscheiben mit dem Senf bestreichen und pro Brotscheibe eine halbe Wurst darauflegen.
Die Rotschmiere vom Romadur abkratzen und diesen in dünne Scheiben schneiden.
Das Bauernbrot und die Schüblinge mit den Romadurscheiben schuppenartig belegen.
Das Ganze mit etwas Paprikapulver und Kümmel bestreuen und im vorgeheizten Ofen bei 200 °C ca. 10 Min. überbacken.

Mit den Zwiebelringen und Petersilie garnieren.

Ziegenkäsetaschen

▷

Zutaten:
250 g Ziegenkäse, 250 g Topfen (oder Zieger), 1 Ei, je 1 EL fein gehackte Kräuter: Schnittlauch, Petersilie und Basilikum, 100 g Butter (flüssig) 1 P. TK-Blätterteig.

Zubereiten:
Den tiefgekühlten Blätterteig kurz vor Gebrauch auftauen lassen, danach ausrollen und in 6 x 6 cm große Quadrate schneiden.
Den Ziegenkäse in kleine Würfel schneiden, mit dem Topfen und den Kräutern vermengen, evtl. mit etwas Pfeffer und Salz würzen.
Von dieser Käsemasse je einen Teelöffel in die Mitte der Quadrate geben; diese diagonal zusammenklappen, dabei die Ränder gut zusammendrücken.
Die Dreiecke mit flüssiger Butter bepinseln und im vorgeheizten Ofen bei 220 °C, ca. 15 Minuten backen.
Während des Backens nochmals mit Butter oder verquirltem Ei bepinseln.
Die Ziegenkäsetaschen warm servieren.

Dazu passen verschiedene Blattsalate.

Schweizer Käse-Kuchen

Zutaten:
250 g TK-Blätterteig, 3/8 l Milch, 60 g Butter, 180 g Mehl, 150 g fein geriebener Emmentaler, 150 g fein geriebener Bergkäse, 5 Eiweiß, 5 Eigelb, 2 EL fein geschnittener Schnittlauch, Salz, Pfeffer, Muskat.

Zubereiten:
Die Milch mit der Butter aufkochen, das Mehl auf einmal dazugeben, alles zu einer glatten Masse verrühren und nochmals 2 Minuten erhitzen; danach abkühlen lassen.
Die Eigelbe einzeln unterrühren, dann den geriebenen Käse beigeben und wieder glatt rühren; mit Pfeffer und Muskat würzen. Den Schnittlauch unterheben.
Das Eiweiß mit 1 Pr. Salz steif schlagen und unter die Käsemasse rühren.
Den aufgetauten Blätterteig dünn ausrollen, in eine runde Kuchenform (Durchmesser 26 cm) legen und einen Rand hochdrücken.
Die Käsemasse einfüllen und glatt streichen.
Im vorgeheizten Backofen bei 180 °C ca. 45 Min. backen.
Nach dem Backen den Kuchen 10 Min. ruhen lassen, dann erst aus der Form nehmen und in Tortenstücke schneiden.

Dazu passt grüner Salat.

Allgäuer Würzbissen

▷

Zutaten:
Je 100 g fein geriebener Emmentaler und Bergkäse, 1 Ei, 2 - 3 EL Bier, 1 TL Paprika edelsüß, Toastbrot, Butterfett.

Zubereiten:
Den gerieben Käse mit Ei, Paprika und Bier zu einer dicklichen Käsemasse verrühren.
Die Käsemasse fingerdick auf die Toastbrote streichen.
Diese Toastbrote auf ein gebuttertes Backblech legen und im Ofen bei 220 °C backen, bis sie schön hellbraun und krustig sind.

Die warmen Käsebrote diagonal halbieren und mit Blattsalat (Kopfsalat, Feldsalat oder Kresse) servieren.

Allgäuer Käsküchle

▷

Zutaten für den Teig:
250 g Mehl, 100 g kalte Butter (1 cm Würfel), 2 Eigelb, 4 EL kaltes Wasser, 1 Pr. Salz, 2 EL fein geriebener Emmentaler.

Zubereiten des Teiges:
Alle Zutaten zu einem glatten Teig verkneten und eine Kugel daraus formen. Den Teig in Klarsichtfolie einwickeln und 2 - 3 Stunden kalt stellen.

Zutaten für die Füllung:
1 Zwiebel (Würfelchen), 200 g Sauerrahm, 2 Eier, 1 Msp. Cayennepfeffer, 1 Msp. geriebene Muskatnuss, 10 g Speisestärke (½ EL), 250 g würziger Bergkäse (grob gerieben).
Butter zum Einfetten der Förmchen und Mehl zum Ausrollen des Teiges.

Zubereiten der Füllung:
Zwiebeln in Butter anschwitzen; dann kalt stellen. Eier mit Sauerrahm und Speisestärke glatt rühren; Zwiebeln, Gewürze sowie den Käse beigeben und gut vermengen.

Fertigstellen:
Kleine Tartelette-Förmchen (ca. 7 - 8 cm Durchmesser) sorgfältig mit Butter einfetten.

Den Teig ca. 5 mm dick ausrollen und rund ausstechen (2 cm breiter als die Förmchen sind).
Den ausgestochenen Teig in die Förmchen legen und dann leicht „hochdrücken", so dass die Förmchen vollständig mit Teig ausgelegt sind.
Die Käsemasse einfüllen.
Bei 220 °C ca. 20 - 25 Minuten im Ofen backen.
Die Käsküchle aus den Förmchen nehmen und ohne Beigabe als Vorspeise servieren.

Dazu passt ein trockener Weißwein.

Überbackene Champignonflädle

Zutaten für die Flädle:
100 g Mehl, ¼ l Milch, 2 - 3 Eier, 1 Pr. Salz, 20 g zerlassene Butter.

Mehl mit der Milch glatt rühren, danach Eier, Salz und zerlassene Butter unterrühren.
Daraus dünne Flädle herstellen.

Zutaten für die Füllung:
400 g Champignons (Scheibchen), 1 Zwiebel (Würfel), Salz, Pfeffer, ¼ l Sahne, 50 g Bergkäse (gerieben), 1 EL gehackte Petersilie, 1 EL Butter.

Zwiebeln in Butter glasig schwitzen, Champignons beigeben, kurz weiterrösten, danach mit der Sahne auffüllen, Petersilie dazugeben, einreduzieren lassen, den Bergkäse unterrühren.

Zum Überbacken:
120 g Topfen, 2 Eier, 100 ml Sahne, 40 g geriebener Emmentaler, Salz, Pfeffer, Muskat.

Den Topfen mit den anderen Zutaten glatt rühren.

Fertigstellen:
Die Champignon-Füllung auf die Pfannkuchen verteilen, diese zusammenrollen und in eine gebutterte Form legen.
Die „Eiertopfenmasse“ über die Pfannkuchen gießen und im Ofen bei 220 °C ca. 20 Min. backen, bis sie oben schön hellbraun sind.

Schafskäse im Champignonkopf

▷

Zutaten:
24 große frische Champignonköpfe (gewaschen und geputzt), 300 g junger Spinat, Saft von ½ Zitrone, 30 g Butter, 3 EL trockener Weißwein, 1 Zwiebel (Würfelchen), 1 Knoblauchzehe (fein zerdrückt), 1 TL gehacktes Basilikum, Salz, Pfeffer, 150 g Schafskäse, 1 EL Semmelbrösel, 50 g Bergkäse (fein gerieben), 20 g Butter („Flocken“).

Zubereiten:
Spinat putzen, die Stiele entfernen, waschen und grob hacken.
Champignons putzen, kurz waschen, die Stiele herausdrehen und fein hacken. Die Köpfe mit Zitronensaft beträufeln und innen mit Salz und frisch gemahlenem Pfeffer würzen.
Die Zwiebeln und den Knoblauch in Butter anschwitzen, mit Weißwein ablöschen.
Die gehackten Champignons, den Spinat und das Basilikum dazugeben und das Ganze 5 Minuten dünsten lassen; mit Salz und Pfeffer würzen.
Den Schafskäse in kleinste Würfel schneiden und untermischen.
Die Füllung in die Champignonköpfe verteilen.
Den fein geriebenen Bergkäse mit den Semmelbröseln vermischen und über die gefüllten Champignons streuen.
Auf jeden Champignonkopf eine Butterflocke geben.
Die Champignons in eine gebutterte Form setzen und im Ofen bei 200 °C ca. 15 Min. backen.

Dazu passt Stangenweißbrot.

Gratinierter Sauerkrautauflauf

Zutaten:
50 g Speckwürfelchen, 1 Zwiebel (Würfel), 500 g Sauerkraut, 1/16 l Weißwein, 1/8 l Wasser, 2 Debreziner Würstchen (Scheibchen), 1 Eigelb, 1 Eiweiß, 30 g fein geriebener Bergkäse, 30 g fein geriebener Emmentaler, 1 TL fein gehackter Dill, ½ TL Paprikapulver edelsüß, Salz, 1 EL Butterschmalz, 1 EL Sahne.

Zubereiten:
Speckwürfel im Schmalz anbraten, Zwiebelwürfel beigeben und kurz mitrösten.
Mit Weißwein und Wasser auffüllen, das Sauerkraut auflockern und dazugeben.
Das Ganze zum Kochen bringen, danach die Wurstscheibchen daruntermengen und ca. 15 Minuten köcheln lassen.
Das Sauerkraut in eine gefettete Auflaufform geben, den gehackten Dill darauf verteilen.
Das Eigelb mit der Sahne und dem Käse vermengen, das Eiweiß mit 1 Prise Salz zu steifem Schnee schlagen und unter die Eigelb-Käsemasse rühren.
Die Eiermasse über das Kraut verteilen, mit Paprikapulver bestreuen und im vorgeheizten Backofen bei 220 °C ca. 10 - 15 Min. überbacken.

Dazu passen Bratkartoffeln oder Kartoffelpüree.

Torte mit Ziegenfrischkäse

▷

Zutaten für den Teig:
200 g Mehl, 100 g Butter, 40 ml Wasser, 1 Pr. Salz.

Für die Füllung:
250 g Ziegenfrischkäse, 50 g weiche Butter, 2 Eigelb, 1 Eiweiß, 3 EL geriebenes Weißbrot, 2 EL frische gehackte Kräuter (Petersilie, Schnittlauch, Liebstöckel), Pfeffer, Salz, Muskat.

Zubereiten:
Aus Mehl, Butter, Wasser und 1 Pr. Salz einen glatten Teig kneten, diesen in Klarsichtfolie einwickeln und im Kühlschrank 1 Std. kalt stellen.
Eigelb mit der weichen Butter schaumig rühren, den Ziegenkäse, das geriebene Weißbrot, die Kräuter und die Gewürze unterrühren.
Das Eiweiß mit 1 Pr. Salz steif schlagen und unter die Käsemasse rühren.
Den Teig rund ausrollen, in eine gebutterte Tortenform legen und einen 1 ½ cm hohen Rand formen.
Die Käsemasse einfüllen und glatt streichen.
Im vorgeheizten Ofen bei 200 °C 20 Min. backen.
Die Torte vor dem Portionieren 10 Minuten ruhen lassen.

Dazu passen – als Garnitur – kernlose glasierte Weintrauben.

Kässpatzen

Zutaten:
500 g Mehl, 5 - 6 Eier, ⅛ l Wasser, 1 Pr. Salz, Muskatnuss (fein gerieben), Pfeffer aus der Mühle, 200 g grob geriebener, gut gereifter Bergkäse (6 - 8 Monate alt), 100 g grob geriebener, trockener Emmentaler, 150 g Butter, 4 Zwiebeln (Würfel oder Ringe), 3 EL fein geschnittener Schnittlauch.

Zubereiten:
Aus Mehl, Eiern, Wasser und Gewürzen einen zähflüssigen Spätzleteig herstellen (den Teig „schlagen“, bis sich Luftblasen bilden). Diesen Teig ¼ Std. ruhen lassen.
Salzwasser aufkochen, den Teig durch den Spatzenhobel ins kochende Wasser drücken.
Das Ganze einmal kräftig aufkochen lassen; die Spatzen sind fertig, wenn sie oben schwimmen.
Die Spatzen mit einem Schaumlöffel herausnehmen und in einer vorgewärmten Schüssel anrichten (1 Lage Spatzen, 1 Lage Käse; das Ganze 2 bis 3-mal wiederholen).

Die Kässpatzen in den vorgeheizten Ofen stellen (200 °C), bis der Käse gut geschmolzen ist.
In der Zwischenzeit die Zwiebeln in der Butter schön braun rösten und die Kässpatzen damit abschmälzen.
Zum Schluss den Schnittlauch darüberstreuen.

Tipp:
Von Haushalt zu Haushalt werden die Kässpatzen unterschiedlich zubereitet. So werden des Öfteren noch andere Käsesorten untergemischt wie: Backsteinkäse, Limburger, Romadur, manchmal sogar Weißlacker.
Obwohl es heutzutage Mode ist, ein kaltes Getränk wie Bier dazu zu trinken, so gab es „früher“ zu den Kässpatzen ein „temperiertes“ Getränk wie Milch oder gar Tee, damit der Käse im Magen nicht klumpt, was ja wiederum den Magen belastet.

Als Beilage gab es ein frisches, nicht zu kaltes Apfelmus. (Die Allgäuer Urgroßmutter weiß das noch …!)

Käsewähe mit Schnattern

(Schwäbische Pizza mit Zwiebelröhrle)

Zutaten für den Teig:
500 g Mehl, 20 g Hefe, ¼ l Milch (lauwarm), 2 Eier, 100 g Butter, 1 Pr. Salz.

Aus den temperierten Zutaten einen einfachen Hefeteig herstellen und „gehen“ lassen.

Zutaten für die Füllung:
4 Büschel Zwiebelröhrle (Frühlingszwiebeln, Zwiebellauch), 150 g fein geriebener würziger Bergkäse, ¼ l Sahne, 2 Eier, Salz, Muskat, 100 g Butter.

Zubereiten:
Die Zwiebelröhrle putzen, waschen, in feine Ringe schneiden und in wenig Butter leicht anschwitzen.
Sahne, Eier, Käse, Salz, Muskat miteinander verrühren und danach die angeschwitzten Zwiebelröhrle unterrühren.
Den Hefeteig teilen, kleinere Kugeln formen und diese zu Fladen mit einem Durchmesser von 12 - 15 cm ausrollen bzw. ausziehen.
(Es wird von innen nach außen gezogen, so dass der Rand dicker ist als die Innenseite!)
Den inneren Teil mit der Zwiebelröhrlemasse füllen und mit Butterflocken belegen.
Bei 220 °C ca. 15 - 20 Min. hellbraun backen.
Käsewähen werden heiß gegessen.

Dazu passt grüner Salat.

Tipp:
Wenn Ihnen das Herstellen dieser kleinen Käsewähen zu viel Mühe macht, dann benutzen Sie einfach größere Kuchenformen und schneiden die größeren Wähen nach dem Backen in „Tortenstücke“.

Allgäuer Brezen-Käseauflauf

Zutaten:
4 St. Laugenbrezen (feine Scheiben), 50 g Räucherspeck (Würfelchen), 1 Zwiebel (kleine Würfel), 100 g Allgäuer Emmentaler (kleine Würfel), 0,4 l Milch (erhitzen), 2 Eigelb, 4 Eiweiß, 2 EL gehackte Petersilie, Salz, Pfeffer aus der Mühle, Butter zum Anbraten und zum Ausfetten der Auflaufförmchen.

Zubereiten:
Die Brezenscheibchen mit der heißen Milch übergießen.
Speckwürfelchen in wenig Butter anbraten, die Zwiebeln und Kräuter dazugeben, kurz mitrösten lassen.
Brezen, Eigelb, Speck-Zwiebeln-Kräuter, Käse, Salz und Pfeffer gut miteinander vermengen.
Eiweiß mit 1 Pr. Salz zu steifem Schnee schlagen und vorsichtig unter die Brezenmasse rühren.
Diese Masse in ausgebutterte Förmchen füllen (nur ⅔ voll!).
Im vorgeheizten Ofen bei 160 - 180 °C ca. 25 - 30 Min. backen, bis der Auflauf schön aufgegangen und gut gebräunt ist.
Rasch servieren.

Dazu passen verschiedene Blattsalate, angemacht mit weißem Balsamico-Essig, Olivenöl, Tomatenwürfeln und roten Zwiebelwürfelchen.

Überbackene Käs-Erdäpfel

▷

Zutaten:
1,2 kg festkochende Kartoffeln, ½ l Fleisch- oder Gemüsebrühe, Butter zum Einfetten der Form, 60 g Emmentaler, 60 g Bergkäse, 50 g Romadur, 160 g gekochter Schinken, ¼ l Milch, 2 Eier, 1 Msp. Muskatnuss gerieben, ½ TL Paprikapulver, ½ fein zerriebene Knoblauchzehe.

Zubereiten:
Kartoffeln waschen, schälen und in 5 mm dicke Scheiben schneiden. Die Brühe aufkochen.
Eine feuerfeste Form mit Butter einfetten und den Knoblauch darin verteilen.
Die Kartoffelscheiben fächerförmig hineinschichten und mit der heißen, gewürzten Brühe übergießen.
Die Form mit einer Alufolie gut verschließen. Die Kartoffeln im vorgeheizten Backofen bei 200 °C ca. 30 Min. garen.
In der Zwischenzeit den Bergkäse und den Emmentaler grob reiben, den Schinken und den Romadur in ½ cm große Würfel schneiden.
Die Milch mit den Eiern, Salz, Muskat und Paprikapulver verquirlen.

Die Kartoffeln aus dem Ofen nehmen, die Folie entfernen und die Schinkenwürfel darüberstreuen. Das Ganze mit der Eiermilch übergießen, den Käse darauf verteilen und wieder in den Ofen schieben.
Die Käs-Erdäpfel bei 170 -180 °C ca. 20 Min. fertig garen bzw. hellbraun überbacken.
Dazu passen verschiedene Blattsalate, aber auch ein Salat aus Tomaten, Gurken, Fenchel und bunten Paprikastreifen in einer Essig-Öl-Marinade.

Käse-Speckpfannkuchen

Zutaten für die Pfannkuchen:
200 g Mehl, ½ l Milch, 5 Eier, Salz, Pfeffer, Muskat, Fett zum Backen.

Für die Füllung:
150 g magerer Speck (feine Streifen), 200 g Bergkäse (grob gerieben), 50 g Backsteinkäse (kleine Würfel), 2 Zwiebeln (feine Streifen), etwas Butter, 2 EL fein gehackte Kräuter (Petersilie, Schnittlauch, Kerbel).
Außerdem: 50 g geriebener Emmentaler und ½ TL Paprikapulver.

Zubereiten:
Aus Mehl, Milch, Eiern, Salz, Pfeffer, Muskat einen glatten Teig herstellen und daraus dünne Pfannkuchen backen.
Die Zwiebelstreifen in Butter hellbraun rösten, die Pfanne vom Herd nehmen, den Speck und die Kräuter dazugeben und kalt stellen.
Die Pfannkuchen mit der Zwiebelspeckmasse, dem Bergkäse und dem Backsteinkäse belegen, zusammenrollen und in ein feuerfestes Gefäß oder in eine Pfanne geben.
Die Pfannkuchen mit Emmentaler und Paprika bestreuen und im Backofen bei 220 °C so lange erwärmen, bis der Käse innen und außen schön geschmolzen ist (dauert ungefähr 10 Minuten!).

Dazu passt Feldsalat mit Sauerrahm.

Dureinand mit Bergkäs

▷

Zutaten:
600 g gekochte Kartoffeln, 2 EL Griebenschmalz, 2 Zwiebeln (Würfel), 250 g grobe Leberwurst, 250 g Griebenwurst, 4 EL fein gehackte Kräuter (Petersilie, Schnittlauch, Kerbel), 100 g fein geriebener Bergkäse.

Zubereiten:
Die Kartoffeln in Scheiben schneiden und mit dem Griebenschmalz und den Zwiebeln braten.
Die Wurst in Würfel schneiden und unter die Kartoffeln mengen; kurz weiterbraten.
Das „Dureinand“ evtl. in einer Pfanne anrichten und mit dem geriebenen Käse sowie den Kräutern bestreut servieren.

Dazu passt grüner Salat aber auch andere Blattsalate sind geeignet.

Zwiebel-Käsekuchen mit Bärlauch

Für den Teig:
200 g Mehl, 100 g Butter, 1 Eigelb, 1 Pr. Salz, 1 - 2 EL Wasser.

Aus den Zutaten einen Mürbteig herstellen und 1 Std. im Kühlschrank zugedeckt ruhen lassen.

Für die Füllung:
40 g Butter, 250 g Zwiebeln (Würfel), 200 g Bergkäse geraffelt (grob gerieben), 2 EL fein geschnittener Bärlauch, ⅛ l Milch, ⅛ l Sahne, 30 g Mehl, 2 Eigelb, 2 Eiweiß (Schnee), 1 Pr. Salz, Pfeffer aus der Mühle.

Zubereiten:
Den Mürbteig dünn ausrollen und damit eine Springform (24 cm) auslegen, so dass ein 3 - 4 cm hoher Rand entsteht.
Die Zwiebelwürfel in Butter anschwitzen und abkühlen lassen.
Das Mehl mit der Milch und der Sahne glatt rühren, danach die Eigelbe darunterrühren.
Die Zwiebeln und den grob geriebenen Bergkäse beigeben, mit Salz, Pfeffer sowie Bärlauch vervollständigen.
Das Eiweiß zu steifem Schnee schlagen und unter die Masse heben.
Die Füllung in die mit Teig ausgelegte Form geben, bei 200 °C ca. 40 Minuten backen.
Den Zwiebel-Käsekuchen erst etwas abkühlen lassen, danach aus der Form nehmen, in Portionen schneiden und bei Bedarf wieder erwärmen.

Dazu passt Feldsalat oder Brunnenkressesalat.

Käsepressknödel

Zutaten:
8 Semmeln vom Vortag, 0,3 l heiße Milch, 4 Eier, 2 EL gehackte frische Kräuter (Petersilie, Schnittlauch, Kerbel, wenig Majoran), 120 g Emmentaler, 120 g Bergkäse (beide Käse in ½ cm große Würfelchen schneiden), 1 Pr. Salz, 1 Pr. geriebene Muskatnuss, Pfeffer aus der Mühle, 2 EL Semmelbrösel, Butterschmalz zum Braten.

Zubereiten:
Die Semmeln in 1 cm große Würfel schneiden, mit der heißen Milch übergießen, gut vermengen und 15 Min. ziehen lassen.
Eier, Kräuter und Gewürze untermengen und alles gut vermischen.
Die Käsewürfel dazugeben und wieder gut durchkneten. Sollte die Masse zu weich bzw. zu nass sein, so viel Semmelbrösel wie nötig dazugeben, um die Masse zu binden.
Aus der Masse Knödel formen. Die Knödel flach drücken, so dass sie die Form eines Hacksteaks erhalten.
Die Pressknödel mit wenig Semmelbrösel bestreuen (oben und unten) und in Butterschmalz beidseitig braten; so lange bis der Käse geschmolzen ist und die Knödel eine hellbraune Kruste haben.

Dazu passt grüner Salat aber auch Gemüse.

Hackbraten mit Käse-Schinkenfüllung

Zutaten:
500 g gemischtes Hackfleisch, 2 Semmeln vom Vortag (fein gewürfelt), 1 Ei, 1 Zwiebel (kleine Würfel), geriebene Muskatnuss, Salz, Pfeffer, 1 Msp. Paprikapulver edelsüß, 1 EL Semmelbrösel, 1 TL Butter, 100 g gekochter Schinken in Scheiben, 150 g Bergkäse (in 1 cm dicke „Stangen" geschnitten).

Zubereiten:
Die Semmelwürfel mit etwas Wasser oder Milch einweichen, danach wieder ausdrücken.
Das Hackfleisch mit Ei, Semmeln, Zwiebeln und den Gewürzen zu einem glatten Fleischteig vermengen.
Die Hälfte der Fleischmasse in eine ausgebutterte, mit Semmelbröseln ausgestreute Kastenform („Englischkuchenform") geben.
Die Bergkäsestangen in Schinkenscheiben einrollen und diese in die Mitte des Fleischteiges drücken.
Das restliche Hackfleisch darüber verteilen und fest andrücken.
Den Hackbraten im vorgeheizten Ofen bei 200 °C ca. 60 Min. backen, danach 5 Minuten ruhen lassen. Den Hackbraten aus der Form nehmen und in Scheiben schneiden.

Dazu passen Kartoffelpüree und Tomatensalat oder „Kartoffelgemüse" („saure Rädle" bzw. Bechamelkartoffeln).

Erdäpfel-Käserösti

▷

Zutaten:
800 g geschälte, gekochte Kartoffeln (am besten vom Vortag), 2 Zwiebeln (Würfel), 60 g Butter, 60 g Bergkäse (grob gerieben), 4 dünne Scheiben Emmentaler (in Streifen geschnitten), Salz, Pfeffer aus der Mühle, 1 Msp. geriebener Muskat, 1 El Schnittlauchröllchen.

Zubereiten:
Die Erdäpfel grob reiben, mit Salz, Pfeffer und Muskat würzen.
Die Zwiebeln kurz in Butter anschwitzen, danach die Kartoffeln dazugeben und gut rösten; immer wieder mit einer Backschaufel umdrehen.
Den grob geriebenen Bergkäse daruntermengen und diese Kartoffelmasse mit der Backschaufel glatt drücken.
Auf beiden Seiten gut braun braten. Die Rösti sollten auf beiden Seiten eine schöne braune Kruste haben.
Zum Schluss die Emmentalerstreifen darüberstreuen und einen Deckel auf die Pfanne geben.
Wenn der Käse geschmolzen ist, können die Rösti auf einer vorgewärmten Platte angerichtet werden. Die Rösti vor dem Servieren mit Schnittlauch bestreuen.

Dazu passen verschiede Blattsalate.

Diese Rösti sind auch als Beilage zu Fleischgerichten geeignet.

Schweinelendchen im Käsemantel

Zutaten:
600 g Schweinelendchen (Filet, ohne Sehnen und Fett), Salz, Pfeffer, 2 Eier, 50 g fein geriebener Emmentaler, 30 g fein geriebener Bergkäse, 1 EL Mehl, Butterschmalz zum Braten.

Zubereiten:
Die Schweinefilets in 1 cm dicke Scheiben schneiden, etwas flach klopfen.
Käse und Eier miteinander verquirlen. Ist die Käse-Eiermasse zu dick, dann geben Sie etwas Milch dazu.
Das Fleisch mit Salz und Pfeffer würzen, auf beiden Seiten in Mehl wenden, danach durch das Käse-Ei ziehen.
Fett in der Pfanne erhitzen und die Filetscheiben darin auf beiden Seiten, insgesamt 6 - 7 Minuten, hellbraun braten.

Dazu passen: Spinatnudeln und Tomatensauce.

Käsknödel auf Apfel-Weinsauerkraut

▷

Käseknödel wie auf Seite 36 beschrieben herstellen.

Zutaten fürs Kraut:
600 g Sauerkraut, ⅛ l Weißwein, ¼ l Fleischbrühe, 2 Äpfel, 2 EL Schweine- oder Gänseschmalz, ½ TL Kümmel, 3 Lorbeerblätter, 5 Wacholderbeeren, 1 Pr. Zucker, 1 Pr. Salz, Pfeffer aus der Mühle, 1 rohe geschälte Kartoffel, 1 Zwiebel.

Zum Abschmälzen:
2 Zwiebeln (Würfel), 2 EL Butter.
Zum Anrichten: 1 Bd. fein geschnittener Schnittlauch.

Zubereiten:
Zwiebel schälen und in Streifen schneiden.
Äpfel schälen, vierteln, entkernen und in Scheibchen schneiden.
Zwiebelstreifen und Apfelscheiben im Schmalz anschwitzen, mit Wein und Brühe ablöschen.
Das Kraut und die Gewürze dazugeben, alles ca. ½ Std. köcheln lassen.
¼ Std. bevor das Kraut fertig ist, die Kartoffel fein reiben, dazugeben und gut vermengen. (Die Stärke der Kartoffel bindet das Kraut und es ist dann nicht so wässrig.)
Die Zwiebelwürfel in Butter hellbraun rösten.

Anrichten:
Die Knödel auf das Weinsauerkraut geben, mit den gebräunten Zwiebeln abschmälzen und mit Schnittlauch bestreuen.

Käsewaffeln

Zutaten:
300 g Mehl, 80 g trockener, fein geriebener Emmentaler, 4 Eigelb, 4 Eiweiß, 250 g Sauerrahm, 1 Pr. Salz, ½ TL Paprikapulver edelsüß, fein geriebener, trockener Bergkäse zum Bestreuen.

Zubereiten:
Aus Mehl, Emmentaler, Sauerrahm, Eigelb, Salz und Paprika einen dicken glatten Teig herstellen.
Eiweiß steif schlagen und unter den Teig rühren.
Den Teig portionsweise in ein gut gefettetes Waffeleisen geben, glatt streichen und hellbraun backen.
Die fertigen Waffeln mit Bergkäse bestreuen und heiß servieren.

Dazu passt Kräuterquark sehr gut.

Ochsenaugen mit Käs

▷

Zutaten (pro Portion!):
2 - 3 Eier, ½ Zwiebel (Streifen), 1 EL Butterschmalz, je 50 g geriebener Bergkäse und Emmentaler, 30 g Rohschinken (feine Streifen), Pfeffer aus der Mühle.

Zubereiten:
Die Zwiebelstreifen im Schmalz anbraten.
Die Eier vorsichtig einschlagen und wie Spiegeleier braten.
Die Schinkenstreifen und den Käse darüberstreuen.
Den Käse schmelzen lassen. Mit Pfeffer aus der Mühle würzen.

Dazu passen Bratkartoffeln und grüner Salat.

Käse-Fondue

▷

Das klassische Käse-Fondue hat seinen Ursprung in der Schweiz und ist inzwischen weit verbreitet, nicht nur in Deutschland und Österreich, sondern auch in Frankreich, Holland und Dänemark. Das Fondue-Essen hat in der Gastronomie und in den Familien schon so etwas wie einen „Kultstatus“ erreicht; es ist schon fast ein Gesellschaftsspiel geworden, aber auch ein Essen für die Familie oder ein guter Grund, sich mit Freunden zu treffen. Die klassischen Fondue-Rezepte kommen aus der Schweiz, wobei der Emmentaler Käse oft die Grundlage bildet und mit anderen Käsesorten ergänzt wird, wie z. B.: Greyerzer, Sbrinz, Appenzeller, Freiburger Vacherin oder Raclette-Käse.
Bei einem „Allgäuer Käsefondue“ ist natürlich Allgäuer Emmentaler und Allgäuer Bergkäse zu verwenden.

Für ein Fondue benötigen Sie:
Ein Caquelon (Spezialtopf aus Ton oder Kupfer).
Ein passendes Rechaud zum Warmhalten des Fondues (die Flamme soll regulierbar sein).
Fonduegabeln mit Widerhaken zum Eintauchen der Brotstücke.

Fondue-Grundrezept:
1 Knoblauchzehe (halbiert), 600 g würziger, 6-8 Monate alter Bergkäse (geraffelt), 200 g Emmentaler (geraffelt), 4 gestrichene TL Speisestärke (Mondamin), 0,35 l trockener Weißwein, 1 TL Zitronensaft, 4 cl (40 ml) Kirschwasser, Pfeffer aus der Mühle, Muskat (frisch gerieben), Stangenweißbrot (besonders geeignet wegen der Kruste) oder festeres Weißbrot vom Vortag.

Zubereiten:
Das Caquelon mit der Knoblauchzehe ausreiben.
Emmentaler mit Bergkäse und Speisestärke gut vermischen.
Weißwein und Zitronensaft im Caquelon erwärmen, das Käsegemisch dazugeben und mit einem Holzlöffel ständig rühren, bis das Ganze leicht köchelt.
Das Kirschwasser beigeben und mit Pfeffer und Muskat würzen.
Das Fondue auf dem Rechaud bei mittlerer bis kleiner Flamme warm halten und immer wieder umrühren.

Noch ein paar Fondue-Tipps:
Wird das Fondue zu dick, dann geben Sie etwas Weißwein dazu und rühren Sie wieder gut um.
Ist das Fondue zu dünn, dann geben Sie löffelweise geriebenen Käse dazu und lassen das Ganze wieder unter ständigem Rühren aufkochen, bis die Masse wieder schön cremig ist.
Gerinnt das Fondue, dann bringen Sie es wieder zum Kochen (mit einem passenden Schneebesen ständig rühren!). Falls dies nichts nützt, dann vermengen Sie 1 TL Mondamin mit 1 EL Weißwein und rühren Sie das unters Fondue. Das Ganze dann wieder zum Kochen bringen.
Statt Weißwein kann auch Apfelwein verwendet werden.
Statt Kirschwasser können auch andere Spirituosen verwendet werden wie: Himbeergeist, Obstler, Pflaumenschnaps etc.
Dem Fondue kann auch etwas flüssige Sahne beigegeben werden, dann wird es sämiger, cremiger.
Das Weißbrot für ein Fondue muss viel Kruste haben oder 1 - 2 Tage alt sein, da es sonst nicht auf der Gabel bleibt und somit in das Fondue fällt.

Welche Getränke zum Käsefondue?
Ursprünglich wurden keine kalten Getränke zum Käsefondue eingenommen, da diese den Käse im Magen zu einem „Klumpen" werden lassen und so für ein „Unwohlsein" sorgen können.
Man glaubt es kaum, aber es ist eigentlich logisch: Tee ist das ideale Getränk zum Fondue, da dieser den Käse im Magen geschmeidig hält. Diese Aussage gilt übrigens auch für die Kässpatzen.
Wer einen robusten und gesunden Magen hat, wird darauf keine Rücksicht nehmen und einen herben Weißwein oder ein kühles Bier dazu trinken.

Käsepfannkuchen mit Mais

Zutaten:
250 g Mehl, ½ l Milch, 4 Eier, Salz, Pfeffer aus der Mühle, 80 g fein geriebener Bergkäse, 400 g Maiskörner (Dose oder TK), Butterschmalz zum Ausbacken der Pfannkuchen, 50 g fein geriebener Emmentaler zum Bestreuen.

Zubereiten:
Aus Mehl, Milch, Eiern, Salz, Pfeffer und Bergkäse einen glatten Teig herstellen.
Butterschmalz in der Pfanne erhitzen, den Teig „fingerdick" hineingießen und kurz anbacken, danach die Maiskörner hineinstreuen (wie beim Kaiserschmarrn die Rosinen).
Den auf einer Seite angebackenen Pfannkuchen in den vorgeheizten Backofen schieben und bei 220 °C hellbraun fertig backen.
Den Pfannkuchen halbmondförmig zusammenklappen und mit dem Emmentaler bestreuen.

Dazu passen verschiedene Blattsalate.

Gratiniertes Kalbskotelett

▷

Zutaten:
4 Kalbskoteletts (je 200 g), Öl zum Braten, 250 g Pellkartoffeln (fein gerieben oder gepresst), 200 g geriebener Allgäuer Emmentaler, 1 Eigelb, 1 TL Kartoffelstärke, 3 EL fein gehackte Kräuter (Petersilie, Schnittlauch, Kerbel, Estragon), 2 EL Sahne, Salz, Pfeffer.

Zubereiten:
Die Koteletts mit Salz und Pfeffer würzen, auf beiden Seiten im heißen Öl anbraten. Die gepressten Kartoffeln mit Emmentaler, Kräutern, Eigelb und Kartoffelstärke zu einer glatten Masse vermengen; mit Salz und Pfeffer würzen.
Die Kartoffelmasse gleichmäßig auf den Koteletts verteilen und glatt streichen.
Die Koteletts auf ein gefettetes Backblech legen und in den vorgeheizten Backofen schieben; bei 160 - 170 °C ca. 20 - 25 Min. überbacken, bis sich oben eine hellbraune Kruste gebildet hat. Zwischendurch mit Sahne bestreichen.

Dazu passen feine Zuckerschoten oder feine Bohnen sowie Kräuterbutter.

Lammrückenfilets auf Käsekartoffeln

Zutaten:
600 g Lammrückenfilets (von Haut, Sehnen und Fett befreit), 1 TL gehackte Majoran- und Thymianblätter, ½ fein zerdrückte Knoblauchzehe, Öl zum Braten, Salz, Pfeffer aus der Mühle.

Für die Kartoffeln:
1,2 kg Pellkartoffeln, ½ fein zerdrückte Knoblauchzehe, 0,4 l Sahne, 120 g fein geriebener Bergkäse, Salz, Pfeffer aus der Mühle.

Zubereiten:
Die gekochten Kartoffeln schälen, in Scheiben schneiden.
Eine gebutterte Form mit Knoblauch ausreiben, die Kartoffeln fächerförmig einschichten.
Das Ganze ein wenig salzen und pfeffern und mit der Sahne übergießen, den Käse darüber verteilen und im Backofen bei 220 °C ca. 30 Min. überbacken.
Das Lammfleisch mit Knoblauch und Kräutern einreiben, würzen (Salz, Pfeffer), in heißem Öl beidseitig anbraten. Das Fleisch im vorgeheizten Ofen bei 220 °C ca. 10 Min. fertig braten lassen.
Die Lammfilets portionsweise auf den Käsekartoffeln anrichten und zu Tisch bringen.
Eine Sauce ist dafür nicht zwingend nötig, da Kartoffeln und Fleisch noch saftig sein sollten.

Als Beilage dazu passen Bohnen im Speckmantel sehr gut.

Bunter Filetspieß vom Grill

▷

Zutaten:
150 g Schweinefilet, 150 g Rinderfilet, 150 g Kalbsfilet, 250 g Bergkäse, 150 g Magerspeck oder Rohschinken (dünne Scheiben), jeweils ½ grüne, rote und gelbe Paprikaschote (entkernt und gewaschen), 2 mittelgroße Zwiebeln (geschält), 4 EL Öl.
Kümmel, Paprikapulver, Salz und Pfeffer aus der Mühle zum Würzen.
Holz- oder Metallspieße.

Zubereiten:
Die Filets von Sehnen befreien („parieren").
Den Käse, das Fleisch, die Zwiebeln und die Paprikaschoten in ca. 2 cm große Würfel schneiden.
Den Käse mit den Speckscheiben umwickeln.
Fleisch, Käse, Paprika und Zwiebeln abwechselnd auf die Spieße stecken.
Diese Spieße mit Salz, Pfeffer, Paprika und wenig Kümmel würzen; danach mit Öl bestreichen.
Die Spieße auf dem Grill ca. 10 Min garen; dabei zwischendurch mehrmals umdrehen.

Dazu passt eine Barbecuesauce, aber auch Kräuterbutter, Zucchini, Brokkoli und Reis (Safranreis) können dazu gereicht werden.

Nussiges Topfen-Fleischküchle

Zutaten:
300 g gemischtes Hackfleisch, 200 g Topfen, 4 EL Semmelbrösel, 1 Ei, 1 EL Senf, 30 g gehackte Walnusskerne, 30 g gehackte Haselnusskerne, Salz, Pfeffer, 3 EL Erdnussöl zum Braten.

Zubereiten:
Das Hackfleisch mit dem Topfen, Bröseln, Nüssen, Senf und Ei zu einer homogenen Masse verarbeiten, mit Salz und Pfeffer würzen.
Aus der Masse 8 - 10 kleine runde Hacksteaks formen und kalt stellen.
Das Erdnussöl in der Pfanne erhitzen und darin die Fleischküchle auf beiden Seiten schön knusprigbraun braten (pro Seite ca. 4 - 5 Min.).

Dazu passen Rahmwirsing und Kartoffelpüree.

Gefüllte Kalbsrouladen

▷

Zutaten:
4 Kalbsschnitzel je 130 g (aus dem Kalbsrücken), Salz, Paprikapulver edelsüß, 4 dünne Scheiben Rohschinken, 4 Scheiben Bergkäse, 4 Scheiben Emmentaler, 8 Blätter Basilikum, 2 EL Öl, ⅛ l Fleischbrühe, ½ EL Mehl, 4 EL Sauerrahm, 1 EL mittelscharfer Senf.

Zubereiten:
Die Schnitzel dünn klopfen, mit Senf bestreichen und mit Salz und Paprika würzen.
Auf jedes Schnitzel je eine Scheibe Bergkäse und Rohschinken, 2 Basilikumblätter und eine Scheibe Emmentaler legen.
Die belegten Schnitzel zusammenrollen, mit einem Bindfaden binden (wie Rinderroulade) oder mit einem Holzspieß befestigen.
Die Röllchen in Mehl wenden, bei hoher Hitze im Öl auf beiden Seiten anbraten, danach bei mittlerer Temperatur fertig braten.
Die Röllchen aus der Pfanne nehmen, den Bindfaden oder den Spieß entfernen. Die Rouladen warm halten.
Den Bratensatz mit der Brühe ablöschen und auf die Hälfte einreduzieren lassen.
Sauerrahm mit dem Mehl verquirlen und unter den entstandenen Fond rühren. Diese Sauce noch 3 Min. köcheln lassen, danach durch ein feines Sieb passieren und zu den Rouladen servieren.

Geeignete Beilagen zu den Kalbsrouladen:
Mangold (wie Blattspinat zubereiten!) und Kartoffelschupfnudeln.

Putenschnitzel im Käsemantel

Zutaten:
8 kleine Putenschnitzel zu je 60 - 70 g, 80 g fein geriebener Emmentaler, 2 - 3 Eier, 1 EL Mehl, Salz, Pfeffer, Öl zum Braten.

Zubereiten:
Die Schnitzel klopfen und mit Salz und Pfeffer würzen.
Die Eier aufschlagen und mit dem Käse gut verrühren.
Die gewürzten Schnitzel in Mehl wenden, durch die Ei-Käse-Masse ziehen und im heißen Öl beidseitig anbraten, danach 4 - 5 Minuten bei mittlerer Hitze fertig braten, bis der Käsemantel schön hellbraun ist.

Dazu passen: Tomatensauce und Nudeln, aber auch Reis.

Tipp:
Wenn Sie die Schnitzel in das heiße Fett geben, sollten Sie die Pfanne dabei leicht bewegen („schupfen"), ansonsten klebt das Ei am Pfannenboden an.

Kartoffel-Zucchini-Auflauf

▷

Zutaten:
700 g Pellkartoffeln (vom Vortag), 300 g Zucchini, 100 g Emmentaler (geraffelt), 100 g Bergkäse (geraffelt), 3/8 l Milch, 50 g Butter, 2 Eier, 1 Zwiebel (Würfelchen), Salz, Pfeffer.

Zubereiten:
Die Pellkartoffeln schälen und in 3 mm dicke Scheiben schneiden.
Die Zucchini waschen und wie die Kartoffeln in Scheiben schneiden.
Zwiebelwürfel in Butter anschwitzen.
Die Eier mit der Milch verquirlen, Zwiebeln und Gewürze untermengen.
Die Kartoffel- und Zucchinischeiben in eine gebutterte Auflaufform schichten, jede Lage mit grob geriebenem Käse bestreuen.
Die Milch-Eiermischung über die Kartoffeln/Zucchini schütten und nochmals Käse darüberstreuen.
Bei 200 °C ca. 45 Min. backen, bis eine hellbraune Kruste entstanden ist.

Dazu passt Blattsalat.

Dieser Kartoffelauflauf kann auch in Portionsförmchen gemacht und als Beilage zu Fleischgerichten serviert werden.

Pikanter Käsespieß

Zutaten:
250 g Emmentaler, 250 g Bergkäse, 16 Scheiben Rohschinken, 16 Silberzwiebeln (große Perlzwiebeln), 8 Champignonköpfe, 4 EL Olivenöl, 8 cl Malzbier, Pfeffer aus der Mühle, ½ TL Majoran, ½ TL Thymian.

Zubereiten:
Bergkäse und Emmentaler in 16 gleichmäßige Stücke schneiden (2 x 3 cm) und mit Pfeffer würzen.
Jedes Käsestück in eine Scheibe Rohschinken einwickeln.
Die Käsestücke mit den Zwiebeln und den Champignonköpfen gleichmäßig verteilt auf 4 Spieße stecken.
Die Spieße mit Öl bepinseln und mit den Kräutern bestreuen
Bei geringer bis mittlerer Hitze auf beiden Seiten leicht braten.
Die Spieße auf einer Platte warm halten.
Den „Bratensatz" in der Pfanne mit dem Malzbier ablöschen, einkochen lassen und damit die Spieße kurz vor dem Anrichten beträufeln bzw. bepinseln.

Dazu passt ein lauwarmer Kartoffelsalat.

Erdäpfel-Cordon bleu

▷

Zutaten für den Teig:
400 g gekochte, gepresste Kartoffeln, 150 g Mehl, 30 g Grieß, 2 Eigelb, Salz, Pfeffer.
Für die Füllung:
4 große viereckige Scheiben gekochter Schinken, 4 kleinere Scheiben Emmentaler.
Zum Panieren: Semmelbrösel, 1 - 2 Eier.

Außerdem: 1 Eiweiß, Fett zum Ausbacken.

Zubereiten:
Aus Kartoffeln, Mehl, Grieß, Eigelb, Salz und Pfeffer einen geschmeidigen Kartoffelteig herstellen und diesen in 4 Stücke teilen. Die Teigstücke auf die doppelte Größe ausrollen (am besten auf einem bemehlten Brett).
Den Käse in die Schinkenscheiben einwickeln und diese auf die Hälfte des Teigfladens legen.
Die Teigränder mit Eiweiß bestreichen und die Fladen zusammenklappen, danach panieren.
Die Cordon bleu im heißen Butterschmalz auf beiden Seiten hellbraun backen (pro Seite ca. 4 Min.).

Dazu passen verschiedene Salate.

Käse-Semmelauflauf

Zutaten:
8 Semmeln vom Vortag, 400 g Emmentaler, 2 EL Petersilie (fein gehackt), 2 Zwiebeln (Würfel), 100 g Magerspeck (kleine Würfel), 2 Eier, ¼ l Milch, ¼ l Sahne, Salz, Pfeffer, Muskat, 50 g Butter.

Zubereiten:
Semmeln und Käse in kleine Würfel schneiden. Speck und Zwiebeln in Butter anbraten, danach die Petersilie dazugeben.
Die Milch mit Sahne, Eiern und Gewürzen gut verquirlen.
Alles miteinander vermengen und in eine gebutterte Auflaufform füllen. Bei 200 °C ca. 30 Minuten backen, bis eine hellbraune Kruste entsteht.

Dazu passen verschiedene Salate.

Tipp:
Dieser Auflauf kann auch in kleineren Förmchen gebacken und als Beilage zu Fleischgerichten serviert werden.

Allgäuer Hüttenpfanne

▷

Zutaten:
5 Tomaten, je eine halbe grüne, rote und gelbe Paprikaschote, 3 Zwiebeln, 6 Eier, 80 g Schafskäse, 80 g Romadur, Salz, Pfeffer, 2 EL Butterschmalz, 2 EL fein geschnittener Schnittlauch.

Zubereiten:
Paprikaschoten entkernen, waschen und in kleine Würfel schneiden.
Die Tomaten vierteln, entkernen und in kleine Stücke schneiden.
Zwiebeln schälen und in kleine, feine Streifen schneiden.
Schafskäse und Romadur in kleine Stücke teilen.
Die Zwiebeln mit den Paprikawürfeln im Butterschmalz leicht anbraten, die Tomatenstücke dazugeben und das Ganze ca. 3 Minuten dünsten lassen.
Den Käse dazugeben, die Eier verquirlen und darübergießen, würzen und leicht stocken lassen; nochmals umrühren.
In einer Pfanne anrichten und mit Schnittlauch bestreuen.

Dazu Holzofenbrot servieren.

0,5 l

Gefüllte Rinderrouladen

Zutaten:
4 Rinderschnitzel aus der Oberschale (je 150 g), Salz, 1 EL Senf, Pfeffer, ½ TL Paprikapulver edelsüß, 4 Scheiben Rohschinken, 4 Scheiben Emmentaler, ¼ l Fleischbrühe, ¼ l Rotwein, 4 EL Sauerrahm, 1 EL Mehl, Öl zum Braten.

Zubereiten:
Die Schnitzel dünn klopfen, mit Salz, Pfeffer und Paprika würzen.
Den Senf auf die Schnitzel verteilen und glatt streichen.
Je eine Scheibe Rohschinken und Käse darauflegen.
Die Schnitzel aufrollen, mit Bindfaden binden oder mit einem Spieß befestigen.
Die Rouladen in Mehl wenden und von allen Seiten im heißen Öl anbraten, bis sie schön braun sind.
Das Ganze mit der Brühe und dem Rotwein ablöschen und ca. 90 - 100 Min. zugedeckt schmoren lassen.
Am Ende der Garzeit den Bratenfond durch ein feines Sieb passieren. Den Sauerrahm mit dem Mehl verquirlen und unter den Fond rühren. Die Sauce nochmals 4 - 5 Min. köcheln lassen. Spieß oder Bindfaden von den Rouladen entfernen. Die Rouladen mit der Sauce überziehen und servieren.

Dazu passen Erdäpfelschupfnudeln.

Alp-Schnitzel

▷

Zutaten:
4 Scheiben Emmentaler, 4 Scheiben Bergkäse (die Käsescheiben sollten ca. 4 - 5 mm dick, und 10 x 7 cm groß sein), 2 EL Topfen, 2 EL Schnittlauch (fein geschnitten), 1 EL Mehl, 2 Eier, Semmelbrösel zum Panieren, Pfeffer, Salz, Butterschmalz zum Backen.

Zubereiten:
Den Topfen mit dem Schnittlauch verrühren und mit Salz und Pfeffer würzen.
Den gewürzten Topfen auf den Bergkäsescheiben verteilen und die Emmentalerscheiben darauflegen.
Diese „Schnitzel" in Mehl wenden und mit Ei und Brösel 2-mal panieren.
Das Butterschmalz erhitzen und darin die Käseschnitzel auf beiden Seiten hellbraun backen.

Dazu passen geschälte Pellkartoffeln oder Kartoffelsalat mit Kresse.

Hausgemachte Nudeln

Nudeln selbst herstellen? Lohnt sich das? Die Qualität der industriell gefertigten Teigwaren ist heutzutage sicher fast so gut wie bei den hausgemachten. Selbst gemachte Nudeln haben aber den Vorteil, dass man den Geschmack und das Aussehen bzw. die Form individuell bestimmen kann. Nudelteig wird grundsätzlich aus Mehl, Wasser und Salz hergestellt. Dem Teig kann man auch mit frischen Kräutern, Tomatenmark, Spinat oder Safran eine eigene Geschmacksnote und natürliche Färbung geben. Hausgemachte Teigwaren können mit „Tinte" vom Sepia (Tintenfisch) schwarz gefärbt werden (schwarze Nudeln zu Fischgerichten mit „weißer" Sauce).

Grießteigwaren werden grundsätzlich ohne Eier, nur mit Grieß und Wasser hergestellt.

Eierteigwaren müssen mindestens 2 ¼ Eier pro 1 kg Mehl enthalten.

Vollkornteigwaren werden aus Vollkornmehl hergestellt und sind deshalb leicht bräunlich und kräftig im Geschmack.

Der Nudelteig ist Grundlage vieler Gerichte, deshalb diese grundsätzliche Beschreibung:

Grundrezept für hausgemachte Nudeln

▷

Zutaten:
250 g Mehl, 100 g Eier (2 St. à 50 g), 2 EL Wasser, Salz, 1 TL Öl.

Anstatt 250 g Mehl können Sie auch 125 g Mehl und 120 g Grieß nehmen, dann brauchen Sie aber ein wenig mehr Wasser.

Zubereiten:
Alle Zutaten in eine Schüssel geben und gut vermengen.
Den Teig aus der Schüssel nehmen und auf einem bemehlten Nudelbrett zu einem kompakten, glatten Teig kneten. Ist der Teig zu weich, dann einfach noch etwas Mehl oder Grieß darunterkneten.
Den Teig in eine Klarsichthülle einwickeln und 1 Std. ruhen lassen. Den Teig auf dem bemehlten Nudelbrett zu einem Rechteck ausrollen und in 1 cm breite Streifen schneiden.
Die Nudeln auf ein bemehltes Tuch oder Blech geben und ¼ Stunde „übertrocknen" lassen.

Nudeln kochen:
Die Nudeln in reichlich Salzwasser kochen: 10 l Wasser für 1 kg Nudeln (oder 1 l Wasser für 100 g Nudeln).
Ins Kochwasser 1 EL Öl geben (damit die Nudeln nicht zusammenkleben und schön glänzen).
Die Kochzeit hängt davon ab, wie dick die Nudeln sind, in der Regel beträgt sie ca. 7 - 8 Min.
Wenn die Nudeln fertig sind, das Wasser abschütten und die Nudeln in einem Sieb kurz mit kaltem Wasser „abschrecken" und abtropfen lassen.

Hausgemachte Nudeln
Sie schmecken besonders gut, wenn sie kurz in wenig Butter geschwenkt werden.

Tomatennudeln
Zum Grundrezept Nudelteig einfach 2 EL Tomatenmark anstatt dem Wasser hinzufügen.

Spinatnudeln, Kräuternudeln
Dem Grundrezept Nudelteig 2 EL fein pürierten Spinat anstatt dem Wasser beigeben. Auf diese Art können Sie Nudeln auch mit Mangold, Brennnesseln oder Kräutern herstellen.

Safrannudeln
Dem Teig einfach ein Döschen (0,1 g) gemahlenen Safran oder Safranfäden beigeben.

Nudeln schmecken sehr gut in Verbindung mit geriebenem Bergkäse oder Emmentaler, aber auch pikant mit Schafs- oder Ziegenkäse sowie mit verschiedenen Gemüsewürfeln bzw. Gemüsestreifen.

Zu diversen Nudelgerichten und anderen Teigwaren, aber auch zu verschiedenen Fleischgerichten kann man immer wieder eine Käsesauce zum Überbacken oder als Beigabe gebrauchen, deshalb an dieser Stelle ein allgemeines Rezept über eine Käsegrundsauce und mögliche Ableitungen.
Diese Käsesaucen können dienen als:
Beigabe zu Nudeln, Fleisch oder Fischgerichten.
Zum Überbacken (Gratinieren) von Gemüse wie: Blumenkohl, Fenchel aber auch Fisch und Fleisch.
Zum Binden von Gemüsegerichten oder Aufläufen.

Allgäuer Käsegrundsauce

▷

Zutaten:
40 g Butter, 30 g Mehl, ½ l Milch, Salz, Pfeffer, geriebene Muskatnuss, 1 Eigelb, 100 ml Sahne, 30 g fein geriebener Emmentaler, 30 g fein geriebener Bergkäse, 2 EL geschlagene Sahne.

Zubereiten:
Die Butter im Topf erhitzen und darin das Mehl anschwitzen; ca. 5 Min. bei schwacher Hitze (Topf an den Rand der Platte ziehen!) weiterschwitzen lassen.
Mit der Milch aufgießen (alles auf einmal!) und sofort mit dem Schneebesen glatt rühren.
Die Gewürze und den Käse beigeben, ca. 15 Min. leicht köcheln lassen (dabei immer wieder umrühren).
Das Eigelb mit der Sahne verquirlen und unterrühren.
Die Sauce nochmals leicht aufkochen lassen und durch ein feines Sieb passieren.
Zum Schluss die geschlagene Sahne unterheben.

Tipps zur Käsesauce:
Wenn Sie eine „Käse-Kräutersauce“ brauchen, dann fügen Sie der Grundsauce einfach gehackte Kräuter bei.
Wenn Ihnen diese Käsegrundsauce zu viel Arbeit macht, dann stellen Sie einfach eine „Schmelzkäsesauce“ her: Wenig Milch bei niederer Temperatur leicht erwärmen, den Schmelzkäse beigeben und rühren, bis dieser geschmolzen ist, danach mit Sahne, Sauerrahm und Eigelb verfeinern.

Allgäuer Käseplatte

Als krönender Abschluss eines festlichen Menüs gilt heute noch der Satz: „Käse schließt den Magen“, auch wenn der Käse nicht mehr ganz am Schluss angeboten wird, denn in einer zeitgemäßen Küche wird der Käse innerhalb eines Menüs vor der Süßspeise serviert.
Wenn es keine Süßspeise im Menü gibt, dann sollte der Käse mit Früchten und Nüssen garniert werden, ansonsten kann die Käseplatte mit verschiedenen Gemüsen, mit Kräutern oder Blattsalaten garniert werden.
Bei einer Käseplatte ist zu beachten, dass Käsesorten von jeder Geschmacksrichtung angeboten werden, z. B. milder Käse, herzhafter Käse und würzig-aromatischer Käse.
Das Allgäu verfügt über genügend klassische und neue Käsesorten, sofern sie von der traditionellen Käseherstellung „Nach Allgäuer Art“ abgeleitet sind, um diese als Menübestandteil oder Käseplatte, aber auch als kalte Einzelgerichte anzubieten.

Zu milden Käsesorten passt herzhaft schmeckendes Brot (Bauernbrot, Holzofenbrot, Laugenstangen), zu herzhaftem Käse passt Weißbrot.

Für eine Käseplatte als Hauptmahlzeit oder kräftige Brotzeit berechnet man ca. 150 g Käse pro Person, als Dessert ca. 50 - 60 g.

Eine Käseplatte „Rustikale Art“ wird am besten auf einem Holzbrett (Baumstamm) angerichtet. Brot, Obst und Gemüse reicht man extra dazu. Mit einem „Käsebeil“ können sich die Gäste selbst bedienen.

Saurer Backsteiner

Zutaten:
400 g Backsteinkäse, ½ Tasse lauwarmes Wasser, 1 EL Essig, 2 EL Öl, Salz, Pfeffer, wenig Kümmel. Zwiebelringe und Radieschenscheiben zum Garnieren.

Zubereiten:
Das Äußere vom Käse leicht abschaben. Den Käse in ½ cm dicke Scheiben schneiden.
Aus den anderen Zutaten eine Salatmarinade herstellen, die Käsescheiben darin einlegen und ziehen lassen.
Die Käsescheiben im Suppenteller fächerförmig anrichten, etwas von der Marinade darübergießen. Mit Zwiebelringen und Radieschenscheiben garnieren.

Dazu passt Holzofenbrot oder Bauernbrot.

Ziegenkäseterrine

Zutaten (für 6 Vorspeisen):
½ kg Ziegenkäse, 4 EL Sauerrahm, 2 EL Crème fraîche, 100 g blaue entkernte Weintrauben, 1 geviertelte, entkernte Tomate, 1 EL Kürbiskerne, 50 ml kalt gepresstes Olivenöl, 10 Basilikumblätter, 200 g geputzte und gewaschene Spinatblätter.

Zubereiten:
Ziegenkäse temperieren (Zimmertemperatur!), durch ein feines Sieb streichen bzw. passieren und mit Sauerrahm sowie Crème fraîche glatt rühren, danach die halbierten und entkernten Trauben unterheben.
Die Stiele der Spinatblätter entfernen, den Spinat kurz im kochenden Salzwasser blanchieren, danach sofort in Eiswasser abschrecken.
Die Spinatblätter auf einem Tuch abtropfen lassen. Eine kleine Terrinenform zuerst mit Klarsichtfolie auslegen, danach mit ca. ⅔ der Spinatblätter auslegen; die Käsemasse einfüllen, glatt streichen und mit den restlichen Spinatblättern belegen.
Das Ganze mit der überstehenden Folie verschließen und über Nacht in den Kühlschrank stellen.
Die Basilikumblätter in dem Olivenöl einlegen und über Nacht ziehen lassen.
Die Terrine mit der Folie aus der Form heben, die Folie entfernen. Mit einem dünnen, gut schneidenden Messer in 5 mm dicke Scheiben schneiden.

Anrichten:
Pro Person 1 - 2 Scheiben von der Terrine auf einen Teller legen, mit Basilikumöl beträufeln und mit Tomatenstreifen sowie Kürbiskernen garnieren.

Dazu passt Stangenweißbrot.

Tipp:
Die Terrine lässt sich gut aufschneiden, wenn Sie das Messer immer wieder ins heiße Wasser tauchen. Die Käsemasse löst sich dann besser vom Messer und Sie erhalten eine schönere Schnittfläche.

Allgäuer Frühlingsschnitte

Zutaten:
8 Scheiben Vollkornbrot, 40 g Butter, 300 g Schafskäse (in Scheiben geschnitten), 4 Tomaten, ½ Salatgurke, 2 EL fein geschnittener Schnittlauch, wenig Kümmel, 2 EL kalt gepresstes Olivenöl.

Zubereiten:
Die Brotscheiben mit Butter dünn bestreichen, mit wenig Kümmel bestreuen und mit dem Schafskäse belegen.
Tomaten und Gurken waschen, in Scheiben schneiden, die Brote damit garnieren und mit Schnittlauch bestreuen.
Zum Schluss mit wenig Olivenöl oder Kürbiskernöl beträufeln.

Weißlacker Hochzeit

Zutaten:
250 g Weißlacker, 150 g Zieger (oder Topfen), 50 g weiche Butter, 1 Romadur, 3 EL Schnittlauch (fein geschnitten), Pfeffer, Salz, 2 Schalotten (fein gewürfelt).

Zubereiten:
Weißlacker und Romadur in 1 cm große Würfel schneiden.
Die Butter schaumig rühren, Salz, Pfeffer und Zieger (oder Topfen) untermengen.
Die Schalottenwürfel und die Hälfte des Schnittlauchs unterrühren.
Den würfelig geschnittenen Käse unterheben.
Das Ganze pyramidenförmig auf Salatblättern anrichten und mit dem restlichen Schnittlauch bestreuen.

Dazu passt Holzofen- oder Bauernbrot.

Oberstdorfer Wolkenbruch

Zutaten:
400 g Romadur, 50 g weiche Butter, 2 EL Sauerrahm, 1 Zwiebel (feine Würfel), 2 Eigelb, 2 EL fein gehackte Lauchzwiebeln (Schnattern), 8 Radieschen, etwas Feldsalat zum Garnieren.

Zubereiten:
Den Käse klein schneiden und mit Butter, Sauerrahm, Eigelb, Zwiebeln und Schnattern mit einer Gabel gut zerdrücken, evtl. mit etwas Salz und Pfeffer nachwürzen.
Auf einem flachen Teller den Feldsalat auslegen, darauf den Wolkenbruch anrichten und mit Radieschenscheiben „schuppenartig“ garnieren.

Dazu passt Schwarzbrot.

DELLE VENEZIE

Allgäuer Lumpensuppe

Zutaten:
100 g Emmentaler, 100 g Bergkäse, 100 g roter Presssack, 100 g weißer Presssack, 200 g Schübling, 2 mittlere Zwiebeln (in Ringe schneiden), Essig, Öl, Salz, Pfeffer, 1 Pr. Zucker, evtl. etwas Wasser.
Petersilie zum Garnieren.

Zubereiten:
Käse, Presssack und Schübling feinblättrig schneiden.
Aus Essig, Öl, Salz, Zucker und Pfeffer, evtl. etwas Wasser eine Marinade herstellen.
Alles miteinander vermengen und ½ Std. ziehen lassen.
In einem tiefen Teller anrichten, mit Zwiebelringen und Petersiliensträußchen garnieren.

Dazu reicht man Butter und Bauernbrot.

Eingelegter Käse

▷

Zutaten:
600 g verschiedene würzige Allgäuer Käsesorten (Weißlacker, Bergkäse, Romadur, Backsteiner, Ziegenkäse, Schafskäse), 8 geschälte Schalotten (halbiert), 4 geschälte und halbierte Knoblauchzehen, 10 zerdrückte Wacholderbeeren, 10 zerdrückte Pfefferkörner, 3 Lorbeerblätter, gutes Olivenöl (oder Walnussöl), jeweils ein Zweig Rosmarin, Thymian, Estragon und Basilikum.

Zubereiten:
Die verschiedenen Käsesorten in mundgerechte Stücke schneiden.
Die Käsestücke abwechselnd mit den Kräutern, Schalotten, dem Knoblauch, den Lorbeerblättern und den Gewürzen in ein Glas mit breiter Öffnung einschichten.
Den Käse mit so viel Öl übergießen, dass der Ölspiegel 1 cm über dem Käse steht.
Das Glas mit Einmachcellophan (Klarsichtfolie) gut verschließen und mindestens 3 - 5 Tage in einen kühlen, dunklen Raum stellen. Danach kann der Käse schon verzehrt werden, er hält aber auch bei kühler Lagerung bis zu 4 Wochen.

Anrichten:
Den Käse auf Salatblättern anrichten, mit frischen Kräutern und Tomatenstreifen garnieren.
Dazu reicht man verschiedene Brotsorten.

Tipp:
Auch einzelne würzige Käsesorten können auf diese Art und Weise eingelegt werden, z. B. Weißlacker oder Bergkäse.

Liptauer Käse

Zutaten:
300 g Topfen, 3 EL Sahne, 2 TL mittelscharfer Senf, 2 fein gehackte Sardellenfilets, 80 g fein geriebener Emmentaler, 60 g Romadur (kleine Würfel), 60 g weiche Butter, 2 Schalotten (kleine Würfel), 2 TL Paprikapulver edelsüß, 2 EL gehackte Petersilie, 2 EL fein geschnittener Schnittlauch, Salz, Pfeffer.

Zum Garnieren:
Salatblätter, je ½ rote und grüne Paprikaschote, von den gehackten Kräutern etwas aufheben.

Zubereiten:
Die Butter schaumig rühren.
Quark, Sahne und Senf dazugeben, danach alles glatt rühren, mit Salz und Pfeffer würzen.
Die restlichen Zutaten daruntermengen; ca. 1 Std. ziehen lassen.
Anrichten: Den Liptauer Käse portionsweise auf Salatblättern anrichten, mit gehackten Kräutern bestreuen und mit roten und grünen Paprikastreifen garnieren.

Dazu serviert man Bauernbrot.

Radieschenquark

▷

Zutaten:
300 g Speisequark, 3 EL Sauerrahm, 60 g kleinwürfelig geschnittener Weißlacker, 1 Pr. Salz, 1 Pr. Pfeffer, ½ TL Paprikapulver edelsüß, 1 Bd. Radieschen.
Kleine Salatblätter zum Garnieren.

Zubereiten:
Den Quark mit Sauerrahm glatt rühren und danach den Weißlacker unterheben.
Mit Salz, Pfeffer und Paprika würzen.
Aus diesem angemachten Quark 3 oder 4 „Würfel" formen (mit einem Messer glatt streichen) und im Kühlschrank wieder fest werden lassen.
Die Radieschen putzen, waschen und in feine Scheibchen schneiden.
Den Quark vor dem Servieren mit den Radieschenscheiben schuppenartig belegen, auf einem flachen Teller anrichten und mit kleinen Salatblättern ausgarnieren.

Dazu reicht man Butter und Brot (Zwiebelbrot, Kümmelbrot, Kartoffelbrot).

Käsesalate

Eine gesunde Ernährung ohne Blattsalate oder ohne Salate aus Gemüse ist nicht denkbar. Ob als Vorspeise, Beilage, Hauptgang, ja sogar als Dessert sind bunte Käsesalate ein gesundes Essen für „Kopfarbeiter". Käse kann auch hier vielfältig und phantasievoll verwendet werden, dabei sollten aber einige wichtige Regeln beachtet werden.
Kopf- und viele andere Blattsalate können mit grob geriebenem, geraffeltem oder in kleine Würfel geschnittenem Käse bestreut werden. Auf diese Art und Weise können kleine Käsereste bzw. An- und Abschnitte sinnvoll und wirtschaftlich verarbeitet werden.

Salat stets frisch zubereiten! Bei Blatt- und Rohkostsalaten die Sauce oder Marinade erst kurz vor dem Gebrauch dazugeben.
Durch langes Liegen in Essig und Öl weicht der Käse auf und die Blattsalate fallen zusammen. Der Salat wird „matschig".
Wird würziger Käse verwendet, dann soll die Salatsauce mild im Geschmack sein.

Für Salatsaucen bzw. Marinaden gilt auch heute noch: Nehme Essig wie ein Geizhals, gutes Öl wie ein Verschwender und Salz mit Gefühl.

Käse in Verbindung mit Blattsalaten, rohen oder gekochten Gemüsearten kombiniert, können vielfältigst zubereitet werden, der Phantasie sind dabei keine Grenzen gesetzt. In diesem Buch finden Sie nur ein paar Beispiele.

Rettich-Käsesalat

▷

Zutaten:
300 g Rettich, 3 Tomaten, 200 g Emmentaler, 4 EL Öl, 3 EL Apfelessig, 2 EL Maiskörner (aus der Dose), 4 Radieschen, ¼ Kopfsalat, Salz, Pfeffer.

Zubereiten:
Rettich putzen, schälen, in feine Streifen schneiden, salzen und 20 Min. ziehen lassen.
Die Tomaten vierteln, entkernen, in Streifen schneiden.
Den Käse in feine Streifen schneiden.
Radieschen waschen, in feine Streifen schneiden.
Käse, Rettich, Mais und Tomaten vermengen, mit Pfeffer würzen. Essig und Öl darübergeben, gut miteinander vermischen.
Den Salat auf Kopfsalatblättern anrichten und mit Radieschenstreifen bestreuen.

Bunter Erdäpfel-Käsesalat

Zutaten:
800 g festkochende Kartoffeln, 150 g Emmentaler, 100 g gekochter Schinken, 2 Gewürzgurken, je ½ grüne und rote Paprikaschote, 6 EL Öl, 4 EL Essig, 1 EL Senf (mittelscharf), 5 EL heiße Fleischbrühe, Salz, Pfeffer.
2 EL Frühlingszwiebeln oder jungen Lauch (in Ringe geschnitten) zum Garnieren.

Zubereiten:
Salatkartoffeln kochen, schälen und auskühlen lassen.
Die Paprikaschoten waschen, entkernen und im Salzwasser einmal aufkochen, danach in Eiswasser abschrecken.
Kartoffeln, Schinken, Käse, Paprika und Gurken feinblättrig schneiden und in eine Schüssel geben.
Essig, Senf, Salz, Pfeffer und Öl miteinander verrühren, die Brühe dazugeben. Die Marinade über den Salat gießen und alles gut durchmengen, danach ¼ Std. ziehen lassen.
Vor dem Servieren mit Frühlingszwiebelringen bestreuen.

Dieser Salat passt gut zu panierten Gerichten wie Wiener Schnitzel oder gebackenem Hähnchen, aber auch zu Kurzbratgerichten (Steaks, Schnitzel).

Pikanter Schafskäsesalat

▷

Zutaten:
300 g Schafskäse, ½ Kopfsalat, 2 Schalotten, 6 EL feines Olivenöl, 2 EL Estragonessig, ½ TL geriebener Meerrettich, Salz, Pfeffer aus der Mühle, je 1 TL fein gehackter Thymian und Estragon, 10 gefüllte grüne Oliven, 4 Cocktailtomaten.

Zubereiten:
Den Kopfsalat putzen, waschen, in mundgerechte Stücke zerpflücken und gut abtropfen lassen.
Die „Mini-Tomaten“ waschen, in Scheiben schneiden oder vierteln.
Den Schafskäse in ca. 1 cm große Stücke schneiden.
Die Schalotten schälen und in Ringe schneiden.
Alle Salatzutaten in eine Schüssel geben.
Aus Essig, Meerrettich, Salz, Pfeffer, Olivenöl eine Marinade herstellen und den Salat damit anmachen.
Den Salat in tiefen Schüsseln anrichten und mit den Kräutern bestreuen. Die Oliven und die Tomaten-Viertel als Garnitur darauflegen.

Dieser Salat passt zu Fischgerichten, aber auch zu Gebratenem und Gebackenem.

Käse-Nudelsalat

Zutaten:
120 g Spinatnudeln (grüne Bandnudeln), 100 g Bergkäse, 100 g Emmentaler, 50 g Limburger, 80 g Salami, 1 Zwiebel, 4 EL Olivenöl, 2 EL Apfelessig, ½ TL Oregano, Salz, Pfeffer.

Zum Anrichten: ¼ Kopfsalat (geputzt und gewaschen).
Zum Garnieren: 2 Tomaten, 1 hart gekochtes Ei.

Zubereiten:
Die Nudeln ca. 12 Minuten bissfest (al dente) kochen, danach abschrecken.
Zwiebeln, Salami, Emmentaler und Bergkäse in dünne Streifen schneiden.
Den Limburger in kleine Würfel schneiden.
Nudeln, Käse, Wurst und Zwiebeln in eine Schüssel geben und locker durchmischen.
Aus Essig, Öl, Salz, Pfeffer und Oregano eine Marinade bereiten.
Den Salat mit der Marinade vermengen und auf Kopfsalatblättern anrichten.

Mit Tomatenstreifen und gekochten Ei-Scheiben garnieren.

Käsesalat mit Blumenkohl

▷

Zutaten:
200 g Blumenkohl, 200 g Backsteiner, ¼ Salatgurke (geschält und entkernt), 1 kleiner Kopfsalat, 3 Tomaten, 6 EL Öl, 2 EL Weinessig, ½ TL Senf, 1 Pr. Salz, 1 Pr. Zucker, Pfeffer aus der Mühle.

Zum Garnieren: 2 hart gekochte Eier.

Zubereiten:
Blumenkohl in Röschen teilen und 20 Minuten ins Salzwasser legen.
Käse und Gurke in 1 cm große Würfel schneiden.
Kopfsalat putzen, waschen und mundgerecht zerkleinern.
Tomaten waschen, sechsteln und entkernen.
Den Blumenkohl grob reiben bzw. raspeln.
Aus Essig, Öl, Senf, Salz, Zucker und Pfeffer eine Marinade herstellen.
Alle Zutaten mit der Salatmarinade vermengen.

Den Salat anrichten und mit gekochten Eierscheiben garnieren.

Bäuerlicher Käsesalat

Zutaten:
150 g Hörnchen (Teigware) gekocht, 1 TL Senf, 100 g milder Bergkäse, 100 g feiner Leberkäse, 50 g Maiskörner (aus der Dose), 1 Zwiebel, 50 g Feldsalat, 4 EL Öl, 2 EL Weinessig, Salz, Pfeffer, 4 Radieschen.

Zubereiten:
Zwiebeln, Käse und Leberkäse in feine Streifen schneiden.
Radieschen putzen, waschen und in Scheibchen schneiden.
Den Feldsalat putzen, waschen und gut abtropfen lassen.
Aus Essig, Öl, Senf, Salz und Pfeffer eine Salatmarinade herstellen, die Hörnchen damit übergießen und gut vermischen.
Die restlichen Zutaten beigeben und alles miteinander vermengen.
Den Salat anrichten und mit Radieschenscheiben ausgarnieren.

Sellerie-Käsesalat

▷

Zutaten:
1 mittelgroße Sellerieknolle, Zitronensaft, 2 Äpfel, 100 g Emmentaler, 100 g Mayonnaise, 3 - 4 EL Joghurt natur, Salz, 2 EL gehackte Walnüsse, 4 gekochte Kartoffeln.

Blattsalat zum Anrichten; 10 halbe Walnusskerne und 10 Kaiserkirschen zum Garnieren.

Zubereiten:
Den Sellerie waschen, schälen, grob raspeln und sofort mit etwas Zitronensaft gut vermengen.
Äpfel schälen, vierteln, Kerngehäuse ausschneiden, in feine Stifte schneiden und unter den Sellerie mischen (gut vermengen, damit die Äpfel mit dem Zitronensaft rundum benetzt und nicht braun werden!).
Käse und Kartoffeln in Würfel schneiden.
Alle Zutaten mit der Mayonnaise und dem Joghurt gut vermischen.
Auf Blattsalat anrichten, mit halben Walnusskernen und entsteinten Kaiserkirschen (Dose) garnieren.

Allgäuer Wurst-Käsesalat

Zutaten:
250 g Emmentaler, 300 g Schübling (oder Fleischwurst), 1 Zwiebel, 3 EL Öl, 3 EL Kräuteressig, 1 TL Senf (mittelscharf), Salz, Pfeffer aus der Mühle, ¼ Kopfsalat (geputzt und gewaschen), 4 Radieschen.

Zubereiten:
Käse und Wurst feinblättrig oder in feine Streifen schneiden.
Zwiebel in kleine Würfel schneiden.
Aus Essig, Öl, Senf, Salz, Pfeffer und Zwiebeln eine Salatmarinade herstellen.
Die Salatsauce mit Wurst und Käse vermengen und noch 15 Minuten ziehen lassen.
Auf Kopfsalatblättern anrichten, mit Zwiebelringen und Radieschenscheiben garnieren.

Dazu passt Holzofenbrot.

Weinbauern-Käsesalat

▷

Zutaten:
250 g Emmentaler, 250 g reife Zwetschgen, 200 g grüne Weintrauben, 30 g Mandelstifte, 4 EL Walnussöl, 50 g Sauerrahm, Saft von 1 Zitrone, 1 Pr. Zucker, 1 Msp. Zimtpulver, Salz, Pfeffer (grob, aus der Mühle), ¼ Kopfsalat (geputzt und gewaschen).

Zubereiten:
Käse in Streifen schneiden.
Zwetschgen waschen, halbieren, entsteinen und in Streifen schneiden.
Trauben waschen, halbieren und entkernen.
Zwetschgen, Trauben, Käse und Mandelstifte miteinander vermengen.
Das Walnussöl mit Zitronensaft, Zucker, Salz, Pfeffer und Zimt zu einer cremigen Sauce verrühren.
Die vorbereiteten Zutaten mit der Sauce vermischen und auf Salatblättern anrichten.

Dazu passt Knäckebrot (mit Frischkäse bestrichen) und ein kühler Traubensaft.

Joghurtsauce mit Käse

Zutaten:
6 EL Joghurt natur, 1 EL fein geriebener würziger Bergkäse, 1 EL fein gehackte Kräuter (Petersilie, Schnittlauch, Kresse), 2 EL Sauerrahm, 2 EL Salatmayonnaise, Salz, Pfeffer aus der Mühle, ein paar Tropfen Worcestersauce.

Zubereiten:
Joghurt, Sauerrahm, Kräuter, Käse und Mayonnaise miteinander gut verrühren.
Mit Salz, Pfeffer und Worcestersauce abschmecken.

Romadursauce

Zutaten:
60 g Romadur, 4 EL Weinessig, 6 EL Öl, Salz, Pfeffer.

Zubereiten:
Den Käse mit einer Essgabel fein zerdrücken.
Erst mit dem Essig glatt rühren, danach das Öl nach und nach beigeben (mit Handrührgerät oder Mixer arbeiten).
Mit Salz und Pfeffer, nach Geschmack, würzen.

Quarksauce für Blattsalate

Zutaten:
200 g Quark, 4 EL Joghurt natur, 2 EL Keimöl, Zitronensaft, Salz, Pfeffer aus der Mühle.

Zubereiten:
Quark mit Joghurt cremig rühren.
Das Keimöl darunter „schlagen" (kräftig rühren, evtl. mit Handrührmaschine oder Mixer).
Mit Zitronensaft, Salz und Pfeffer würzen.

Salatsauce mit Ziegenkäse

Zutaten:
80 g Ziegenfrischkäse, 50 g Joghurt, 2 EL Essig, 4 EL Öl, 5 frische Basilikumblätter (fein gehackt), Salz, Pfeffer aus der Mühle.

Zubereiten:
Den Käse durch ein Sieb streichen (passieren) und danach mit dem Joghurt glatt rühren.
Essig unterrühren, Salz, Pfeffer und Basilikum beigeben.
Zum Schluss das Öl kräftig unterrühren.

Kressesauce

Zutaten:
30 g Kresse fein gehackt, 2 EL Essig, 120 g Kefir, 400 g Buttermilch, 1 TL Meerrettich, Salz, Pfeffer.

Zubereiten:
Kefir, Buttermilch, Meerrettich, Salz und Pfeffer miteinander glatt rühren.
Zum Schluss den Essig unterrühren.

Tipp:
Diese Salatsauce ist besonders geeignet für Spargelsalat, Eiersalat, aber auch zu kalten Braten und Roastbeef.

Schnittlauchsauce

Zutaten:
300 g Buttermilch, 2 EL fein geschnittener Schnittlauch, 1 EL Senf (mittelscharf), 2 EL Salatmayonnaise, Salz, Pfeffer aus der Mühle.

Zubereiten:
Die Mayonnaise mit dem Senf glatt rühren, Schnittlauch dazugeben.
Die Buttermilch nach und nach unterrühren, mit Salz und Pfeffer würzen.
Geeignet für Eiersalat, Kartoffelsalat und alle Blattsalate.

Zwiebeldressing

Zutaten:
1 rote Zwiebel (fein gewürfelt), 1 Schalotte (fein gehackt), ½ EL Zitronensaft, ¼ l Buttermilch, ½ Knoblauchzehe (fein zerdrückt), Salz, Pfeffer.

Zubereiten:
Alle Zutaten miteinander verrühren.
Geeignet für alle Blattsalate, aber auch für Tomaten- oder Paprikasalat.

Dilldressing

Zutaten:
300 g Kefir, 1 TL Zitronensaft, 2 EL fein gehackter frischer Dill, ½ fein zerdrückte Knoblauchzehe, Salz, Pfeffer.

Zubereiten:
Alle Zutaten miteinander glatt rühren.
Passt gut zu Gurkensalat.

Tipp:
Diese Art von Salatsaucen kann man leicht nach eigenem Geschmack abwandeln. Kräuter, Joghurt, Kefir, Buttermilch, Sauerrahm, Essigsorten oder Zitronensaft sind beliebig austauschbar.

Allgäuer Käse als Brotaufstrich

Alle Allgäuer Käsesorten sind auch zur Herstellung von Brotaufstrichen für sogenannte „Partybrötchen“ als Zwischendurchmahlzeit geeignet.
Kräftig schmeckende Brotsorten sollten dafür verwendet werden, z. B. Bauernbrot, Vollkornbrot, Holzofenbrot, geröstete Weißbrotscheiben, Laugenstangen, Seelen.
Bei der Herstellung sollten Sie wie folgt vorgehen:
Die Brotscheiben mit wenig weicher Butter bestreichen.
Die Käsemischung daraufgeben.

Garnieren mit: Tomaten, Gurken, Radieschen, Kräutern, Kapern, Sardellen, Oliven, Weintrauben, Mandarinen, Nüssen usw.
Das Brot soll in mundgerechte Stücke geschnitten werden.

Romadur-Käseaufstrich

Zutaten:
2 Schalotten (fein gehackt), 1 EL Frühlingszwiebeln (fein gehackt), 200 g Romadur, 70 g weiche Butter, ½ TL Kümmel, ½ TL Paprika edelsüß, Salz, Pfeffer.
1 Stange Zwiebellauch zum Garnieren.

Zubereiten:
Butter schaumig rühren, den Käse mit einer Gabel fein zerdrücken und beides miteinander vermengen.
Die restlichen Zutaten unterrühren; den Käseaufstrich würzen.
Dafür ist ein kräftiges Bauernbrot geeignet.
Als Garnitur kann man kleine Ringe vom Zwiebellauch verwenden.

Käsebutter

Zutaten:
80 g weiche Butter, 50 g fein geriebener Bergkäse, 50 g fein geriebener Emmentaler, 50 g klein gewürfelter und zerdrückter Romadur, 10 g fein zerdrückter Weißlacker, 2 EL Sahne, Pfeffer aus der Mühle.

Zubereiten:
Butter schaumig rühren, Käse beigeben, mit der Sahne glatt rühren; das Ganze mit Pfeffer würzen.

Käse-Nussbutter

Zutaten:
100 g fein geriebener Bergkäse, je 30 g fein gemahlene Walnüsse und Haselnüsse, 60 g weiche Butter, 2 EL Sahne, Pfeffer aus der Mühle.

Zubereiten:
Butter schaumig rühren, Käse und Sahne beigeben und glatt rühren. Die Nüsse unterrühren und das Ganze mit Pfeffer würzen.
Auf Pumpernickelbrot anrichten; mit Früchten und Nüssen garnieren.

Käse-Tomatenbutter △

Zutaten:
150 g würziger, fein geriebener Bergkäse, 70 g weiche Butter, 2 EL Sauerrahm, 1 EL Tomatenmark, ½ TL Paprikapulver edelsüß, Salz, Pfeffer, Muskat. Schwarze und grüne Oliven zum Garnieren.

Zubereiten:
Butter schaumig rühren.
Alle anderen Zutaten beigeben und gut glatt rühren.
Auf Bauernbrot oder Vollkornbrot anrichten.
Auch Stangenweißbrot ist geeignet.
Mit entsteinten schwarzen und grünen Oliven garnieren.

Allgäuer Himmel

Zutaten:
300 g Mager-Topfen (10 %), 130 g Mehl, 80 g Puderzucker, 2 Eier, 1 EL Öl, 1 Pr. Salz, 1/8 l Wasser, 1/16 l Rotwein, 150 g Kristallzucker, 300 g Holunderbeeren, 1 EL Mondamin, 4 cl Obstler.

Zubereiten:
Aus Topfen, Mehl, Eiern, Puderzucker (gesiebt), Öl und Salz einen mittelfesten Teig herstellen.
Mit einem Löffel kleinere Nockerl formen und diese ins kochende Salzwasser geben, danach 10 - 15 Min. ziehen lassen.
Wasser und Rotwein mit dem Kristallzucker aufkochen, die Holunderbeeren dazugeben, nochmals kurz aufkochen lassen.
Mondamin mit Obstler glatt rühren, danach unter die Beeren rühren und wieder kurz aufkochen lassen.

Anrichten:
In tiefe Teller eine Portion von dem „Holundermus" geben und darauf die Nockerl verteilen.

Topfenschmarren mit Preiselbeeren

▷

Zutaten:
250 g grobkörniger Magertopfen (20 % F. i. Tr.), 1/8 l Sahne, 6 EL Milch, 6 Eier, 70 g Rosinen, 1 Pr. Salz, 1 Msp. fein geriebene Zitronenschale, 100 g Mehl, 60 g Zucker, 50 g Butter.

Zubereiten:
Die Eier trennen. Topfen mit Sahne, Milch, Eigelb, Rosinen und Gewürzen glatt rühren. Dann das Mehl nach und nach unterrühren.
Das Eiweiß mit dem Zucker steif schlagen und behutsam unter die Topfenmasse rühren.
In einer großen Bratpfanne die Butter erwärmen, die Topfenmasse „fingerdick" eingießen und in den vorgeheizten Ofen (200 - 220 °C) schieben.
Den „Quarkpfannkuchen" auf beiden Seiten schön braun backen, danach mit 2 Holzlöffeln in mundgerechte Stücke zerkleinern bzw. in Stücke „reißen" und nochmals 2 Minuten in den Backofen stellen.
Vor dem Servieren mit Puderzucker bestreuen.

Dazu passt ein Preiselbeerkompott, welches mit wenig Rotwein angerührt wird, aber auch frisches Früchtekompott jeglicher Art.

Waldbeer-Quarkbecher

Zutaten:
400 g Waldbeeren (Heidelbeeren, Brombeeren, Walderdbeeren, Waldhimbeeren), 100 ml Sauerrahm, 120 g Quark, 2 EL Zucker, 1 TL Vanillezucker, 2 cl Himbeergeist.
Zum Garnieren: 1 EL gehackte Walnüsse, 1 EL Pistazien.

Zubereiten:
Die gesäuberten und gewaschenen Beeren in Portionsgläser verteilen. Einige Beeren zum Garnieren aufheben!
Aus Quark, Sauerrahm und den übrigen Zutaten eine cremige Sauce bereiten und diese über die Früchte geben.
Mit Beeren, Nüssen und Pistazien garnieren.

Quarkpudding mit Johannisbeersauce

Zutaten:
6 Blatt Gelatine, 1/16 l Milch, 4 Eier, 120 g Zucker, 300 g Quark, 2 cl Rum, 1 TL Vanillezucker, 1 Pr. Salz.

Für die Sauce: 100 g Johannisbeergelee, Saft von ½ Zitrone, 2 cl Rotwein.

Zum Garnieren: 1/8 l Sahne, 50 g Johannisbeeren, Minzeblätter.

Zubereiten:
Blattgelatine in kaltem Wasser einweichen, danach ausdrücken und mit der Milch erhitzen (nicht kochen!), bis sie sich gut aufgelöst hat (mit dem Schneebesen rühren!).
Die Eier trennen. Die Eigelbe mit dem Zucker schaumig schlagen.
Milch (mit der aufgelösten Gelatine), Quark, Eigelb, Rum und Vanillezucker zu einer homogenen Masse verrühren.
Das Eiweiß mit 1 Pr. Salz zu steifem Schnee schlagen und unter die Quarkmasse ziehen.
Die Puddingförmchen mit kaltem Wasser ausspülen. Die Quarkmasse mit einem Spritzbeutel in die Förmchen füllen.
Den Quarkpudding im Kühlschrank fest werden lassen (dauert ca. 3 - 4 Stunden).

Johannisbeersauce:
Johannisbeergelee mit Zitronensaft und Rotwein erhitzen, glatt rühren und wieder abkühlen lassen.

Zum Anrichten die Förmchen kurz ins heiße Wasser tauchen und je einen Pudding auf einen Teller stürzen.
Mit geschlagener Sahne, Johannisbeeren, Minzeblättern und Johannisbeersauce garnieren.

Topfenfladen Sennerin Art
mit Brombeersauce und Walnuss-Eis

Zutaten für den Teig:
200 g Mehl, ½ l Milch, 5 Eier, 1 EL Zucker, 1 TL Vanillezucker, 30 g flüssige Butter, 1 Pr. Salz, 80 g Topfen.

Butterschmalz zum Ausbacken.

Zutaten für die Brombeersauce:
5 EL Preiselbeerkonfitüre, 200 g Brombeeren (frisch oder TK-Ware), ⅛ l Rotwein, 1 TL Mondamin, 2 cl Brombeergeist.

Außerdem: Walnuss-Eis.

Zubereiten Brombeersauce:
Die Hälfte des Rotweins mit dem Mondamin glatt rühren.
Den restlichen Rotwein mit den Preiselbeeren aufkochen und mit dem angerührten Mondamin binden, nochmals aufkochen, bis die Sauce klar ist.
Jetzt erst die Brombeeren beigeben und vorsichtig in der Sauce erhitzen. Nicht kochen lassen!
Zum Schluss mit Brombeergeist verfeinern.

Zubereiten Fladen:
Aus Mehl, Milch, Topfen, Eiern und den restlichen Zutaten einen Pfannkuchenteig herstellen.
Butterschmalz in der Pfanne erhitzen, den Teig „fingerdick“ einfüllen, kurz anbacken, danach im vorgeheizten Ofen bei 220 °C fertig backen.

Anrichten:
Die Pfannkuchen zur Hälfte zusammenklappen, mit Staubzucker bestreuen und auf einen vorgewärmten Teller geben.
Die Brombeersauce und das Walnuss-Eis extra servieren.

Topfennudeln mit Apfelschnitz (Apfelkompott)

▷

Zutaten:
100 g weiche Butter, 50 g Zucker, 2 Eier, 40 g frische Hefe, 3 EL Milch, 350 g Quark, 300 g Mehl, 1 Pr. Salz, 2 EL Rosinen, Butterschmalz.

Zubereiten:
Die weiche Butter mit dem Zucker und den Eiern schaumig rühren.
Die Hefe mit 1 TL Zucker in der lauwarmen Milch auflösen.
Quark, Mehl, Rosinen, Salz und die aufgelöste Hefe mit der schaumig gerührten Butter gut vermengen. Den Teig fest „durchschlagen“ und zugedeckt gehen lassen.
Einen Esslöffel in flüssiges Butterschmalz tauchen, ovale Nudeln abstechen und in eine gefettete Reine nebeneinander setzen. Nochmals gehen lassen.
Im Backofen bei 200 °C ca. 35 Min. backen, mit Puderzucker bestreuen und dazu Apfelschnitz (Apfelkompott) servieren.

Ufzogne Flädle mit Mostschaum

▷

Für den Flädleteig:
100 g Mehl, ¼ l Milch, 3 Eier, 1 Pr. Salz, 1 TL Zucker, Fett zum Ausbacken.
Mehl und Milch miteinander glatt rühren, danach Eier, Salz und Zucker unterrühren.

Für die Füllung:
400 g Quark, 2 Eier, 50 g weiche Butter, 100 g Zucker, 2 cl Rum, 2 EL Rosinen, abgeriebene Zitronen- und Orangenschale.
Die weiche Butter mit dem Zucker und den Eiern schaumig rühren, danach den Quark und die restlichen Zutaten untermengen.

Für die Royalmasse (Eiermilch):
1 Ei mit 1 EL Zucker und 60 ml Milch verrühren.

Fertigstellen:
Aus dem Teig dünne Pfannkuchen herstellen. Die Pfannkuchen „fingerdick" mit der Quarkmasse bestreichen und zusammenrollen.
Die gefüllten Pfannkuchen in eine gebutterte Auflaufform legen und mit der Royalmasse übergießen.
Bei 220 °C ca. 25 - 30 Min. im Ofen backen.
Mit Puderzucker bestreuen.

Dazu passt Vanillesauce oder Mostschaum.

Mostschaum:
2 Eigelb, 2 ganze Eier, 120 g Zucker, ¼ l Apfelmost.

Alle Zutaten miteinander vermengen und im heißen Wasserbad aufschlagen, bis die Masse „dickschaumig-cremig" ist.

Der Mostschaum wird extra serviert.

Tipp:
Auf dieselbe Art und Weise können Sie Weinschaum, aber auch Bierschaum herstellen, indem Sie einfach statt dem Most Wein oder Bier verwenden.
Diese aufgeschlagenen Weinschaumsaucen werden auch Sabayon genannt.

Topfenknödel mit Zwetschgenröster

▷

Zutaten:
250 g Topfen, 20 g weiche Butter, 2 Eigelb, 3 EL Sahne, 2 EL Milch, 1 Pr. Salz, 100 g trockenes Weißbrot ohne Rinde (2 - 3 Tage alt), 20 g Grieß, 1 EL Mehl.

Für die Butterbrösel:
100 g Semmelbrösel, 80 g Butter.

Zubereiten:
Den Topfen mit der weichen Butter, Eigelb, Sahne, Milch und Salz glatt rühren.
Das klein gewürfelte Weißbrot, den Grieß und das Mehl unterrühren.
Diese Masse 30 Min. ruhen lassen! Danach einen Probeknödel kochen. Wenn nötig, noch etwas Mehl beigeben.
Nun die Knödel formen, ins kochende Salzwasser geben und ca. 15 Min. ziehen lassen.
Die Knödel aus dem Wasser nehmen, mit Butterbrösel und Puderzucker bestreuen.

Butterbrösel: Brösel in der Butter so lange rösten, bis diese hellbraun sind.

Dazu wird Zwetschgenröster gereicht.

Zwetschgenröster:
250 g entsteinte Zwetschgen, 1/16 l Wasser, 100 g Zucker, ½ Zimtrinde, 3 Gewürznelken, Schale von ½ Zitrone, 2 cl Zwetschgenwasser.

Zubereiten:
Wasser, Zucker und Gewürze aufkochen, 10 Minuten ziehen lassen, danach die Gewürze wieder entfernen.
Die Zwetschgen beigeben und so lange kochen lassen, bis sie weich sind und die Flüssigkeit sich einreduziert hat.
Mit Zwetschgenwasser verfeinern.

Vanille-Quarkspeise

Zutaten:
1 Päckchen Vanillepuddingpulver, ½ l Milch, 40 g Zucker, 1 TL Vanillezucker, 1 Eigelb, 1 Eiweiß, 250 g Quark, 4 Aprikosenhälften (aus der Dose), etwas Aprikosensaft (aus der Dose), 2 EL Aprikosenkonfitüre, 4 cl Weinbrand, ⅛ l Sahne, 4 Walnusshälften.

Zubereiten:
Den Vanillepudding (siehe Beschreibung auf dem Päckchen) herstellen, das Eigelb unterrühren, den Pudding abkühlen lassen, danach den Quark unterziehen.
Das Eiweiß mit 1 Pr. Salz steif schlagen und unter die Masse rühren.
Diese Quarkcreme in passende Gläser füllen, darauf je eine halbe Aprikose geben.
Die Aprikosenkonfitüre mit wenig Aprikosensaft erhitzen, mit Weinbrand verfeinern und über die Aprikosen geben.
Die Sahne steif schlagen, in einen Spritzbeutel füllen (Sterntülle) und rund um die Aprikosen kleine Rosetten spritzen.
Mit Walnusshälften garnieren.

Topfennockerl mit Weinschaum

▷

Zutaten:
250 g Topfen, 40 g Grieß, 50 g Mehl, etwas fein geriebene Zitronenschale, 1 TL Vanillezucker, 3 Eier, 1 Pr. Salz, 30 g Zucker.
Kompottkirschen für die Garnitur.

Zubereiten:
Die Eier trennen. Topfen, Grieß, Mehl, Eigelbe, Vanillezucker und Zitronenschale zu einem Teig verrühren.
Das Eiweiß mit 1 Pr. Salz halb steif schlagen, danach den Zucker darunterschlagen, bis das Eiweiß richtig steif ist.
Den Eischnee unter den Teig heben und diesen 15 Min. ruhen lassen.
Mit einem Esslöffel Nockerl formen, ins kochende Salzwasser geben und darin 10 - 15 Minuten leicht köcheln bzw. ziehen lassen.
Die Nockerl in tiefen Tellern anrichten, mit Weinschaum übergießen und mit Kompottkirschen garnieren.

Weinschaum:
⅛ l Riesling, 2 Eigelb, 1 Ei, 40 g Zucker, Saft von 1 Zitrone.
Alles zusammen im Wasserbad heiß aufschlagen, bis die Masse dick-cremig-schaumig ist.

Gratinierte Himbeeren

Zutaten:
¼ l Milch, ½ Vanilleschote, 70 g Puderzucker, 1 Pr. Salz, 2 TL Mondamin, 2 EL Milch, 2 Eigelb, 200 g Quark (20 %), 2 Eiweiß, ⅛ l Sahne, 250 g Himbeeren.

2 EL geröstete Mandelsplitter zum Garnieren.

Zubereiten:
Die Vanillestange mit der Milch und der Hälfte des Zuckers aufkochen.
Das Mondamin mit 2 EL kalter Milch glatt rühren und in die kochende Milch geben, dabei mit dem Schneebesen ständig rühren. Das Ganze nochmals kurz aufkochen lassen.
Den Topf vom Ofen nehmen, die Vanilleschote entfernen, die Eigelbe, das Salz und den Quark unterrühren.
Das Eiweiß mit dem restlichen Zucker steif schlagen und unter die Quarkmasse heben. Die Sahne steif schlagen und ebenfalls unterrühren.
Die geputzten Himbeeren in tiefen Tellern anrichten, mit der Quarkmasse überziehen und bei starker Oberhitze überbacken (gratinieren), bis die Oberfläche schön braun ist.
Mit gerösteten Mandelsplittern garnieren.

Tipp:
Auch andere Früchte (Heidelbeeren, Brombeeren, Orangenfilets) sind dafür geeignet. Vanilleeis oder Nuss-Eis passt sehr gut zu diesem Dessert.

Aprikosenknödel

▷

Zutaten für den Teig:
70 g Mehl, 70 g Grieß, 250 g Topfen (oder trockener Quark), 30 g flüssige Butter, 1 Ei, 10 g helle Semmelbrösel.

Zutaten für die Füllung:
8 entsteinte Aprikosen, 8 St. Würfelzucker.
Für die Butterbrösel:
50 g Semmelbrösel, 50 g Butter.
Zum Abschmälzen:
60 g hellbraune Butter, 2 EL Zimt-Zucker-Gemisch.

Zubereiten:
Die Zutaten für den Teig zu einem glatten Teig verarbeiten und 20 Min. ruhen lassen.
Den Teig zu einer Rolle formen, danach in 8 gleich große Stücke teilen.
Aus den Teigstücken „Plätzchen" formen. Je eine Aprikose mit einem Stück Würfelzucker füllen. Die Aprikosen in den Teig einrollen und zu runden, glatten Knödeln formen.
Die Knödel in kochendes Salzwasser geben, ca. 15 Min. leicht köcheln, danach noch 10 Min. ziehen lassen.
Die Knödel aus dem Wasser nehmen, gut abtropfen lassen, auf Tellern anrichten und Butterbrösel (Semmelbrösel in Butter hellbraun rösten!) daraufgeben.
Die Knödel zum Schluss mit Zimtzucker bestreuen und mit der hellbraunen Butter abschmälzen.

Tipp:
Auf diese Art können Knödel auch mit Zwetschgen, Kirschen oder Äpfeln gefüllt werden.

APRICOT
BRANDY
SÜDTIROLER
Marillen
LIKÖR
RONER
TERMENO · TRAMIN (BZ)

Topfenstrudel

▷

Für den Strudelteig:
250 g Mehl, 30 g Öl, 1 Pr. Salz, 1 Eigelb, 1 TL Essig, ⅛ l lauwarmes Wasser, Öl zum Bestreichen.

Alle Zutaten zu einem glatten, seidigen, eher weichen Teig verarbeiten. Den Teig zu einer Kugel formen, mit wenig Öl bestreichen und abgedeckt im Kühlschrank ca. 30 Min. ruhen lassen.

Für die Füllung:
400 g Topfen, 50 g Rosinen, 2 cl Rum, 100 g weiche Butter, 120 g Zucker, 1 TL Vanillezucker, 2 EL Sahne, 2 Eier, 2 Eigelb, 2 Eiweiß (zu Schnee schlagen), 2 entrindete Semmeln (in kleinen Würfeln), 1 TL Mondamin.

Butter mit Zucker schaumig rühren, die Eier und Eigelbe unterrühren.
Die restlichen Zutaten, Semmelwürfelchen, Mondamin und den Eischnee untermischen.

Außerdem:
1 Eigelb und 2 EL Sahne zum Bestreichen des Strudels vor dem Backen.
50 g zerlassene Butter (zum Beträufeln des Teiges und zum Bestreichen des Strudels während des Backens).

Zubereiten:
Den Strudelteig auf einem bemehlten Tuch dünn ausrollen, danach vorsichtig mit bemehlten Händen ausziehen (behutsam und geduldig arbeiten!).
Den dicken Teigrand rundherum wegschneiden.
Den Teig mit flüssiger Butter beträufeln.
Zwei Drittel des Teiges mit der Topfenmasse „fingerdick“ bestreichen.
Durch Anheben des Tuches das Ganze zu einem Strudel zusammenrollen und auf ein gefettetes Backblech gleiten lassen.
1 Eigelb mit 2 EL Sahne verquirlen und damit den Strudel bepinseln.
Im Backofen bei 200 °C ca. 35 Min. backen, zwischendurch mit flüssiger Butter bestreichen.
Dazu passt Vanillesauce.

Vanillesauce:
Zutaten: 0,4 l Milch, ½ Päckchen Vanillepuddingpulver, ½ Vanilleschote, 40 g Zucker, 100 ml Sahne, 2 Eigelb, 2 cl Rum.

Das Puddingpulver mit etwas Milch glatt rühren.
Die restliche Milch mit der Vanilleschote und dem Zucker aufkochen, das glatt gerührte Puddingpulver beigeben und unter ständigem Rühren 2 Minuten köcheln lassen.
Die Sahne mit den Eigelben verquirlen und unter die Sauce rühren, nochmals erhitzen aber nicht mehr kochen lassen.
Mit Rum verfeinern und die Vanilleschote entfernen.

Gebratene Topfenlaible („Käseseiling“)

Zutaten:
½ kg Topfen, 3 Eier, Salz, 1 TL Vanillezucker, 120 g „griffiges“ Mehl (Type 405), etwas fein geriebene Orangen- und Zitronenschale.

Butterschmalz zum Ausbacken, Puderzucker zum Bestreuen.

Zubereiten:
Topfen, Eier, Salz, Vanillezucker, Orangen- und Zitronenschale miteinander vermengen.
Das Mehl nach und nach unterheben, bis ein mittelweicher, formbarer Teig entsteht.
Aus dem Teig kleine Knödel formen. Die Knödel flach drücken (wie kleine Hacksteaks).
Im Butterschmalz beidseitig hellbraun backen (pro Seite ca. 3 - 4 Min.).
Die Topfenlaible mit Puderzucker bestreuen.

Dazu passt Birnen- oder Apfelkompott aber auch jedes andere Früchtekompott.

Buttermilch-Quarkpfannkuchen mit Heidelbeeren ▷

Zutaten für den Teig:
2 Eier, 1 Eigelb, 1 Eiweiß (für „Schnee“), 200 g Mehl, 0,3 l Buttermilch, 50 g Quark, 1 EL Zucker, 1 Pr. Salz.

Butterschmalz zum Ausbacken.

Für die Füllung:
100 g Heidelbeerkonfitüre mit 2 cl Heidelbeergeist oder -Likör verrühren.

Zum Garnieren:
150 g Heidelbeeren mit 1 EL Heidelbeerkonfitüre verrühren, ⅛ l geschlagene Sahne (mit Vanillezucker), evtl. halbierte Kirschen, Zitronenmelisse.

Zubereiten:
Mehl mit Buttermilch glatt rühren. Quark, Zucker, Eier und Eigelb dazugeben und alles gut verrühren.
Das Eiweiß mit 1 Pr. Salz steif schlagen und unter den Teig heben.
„Fingerdicke“ Pfannkuchen herstellen, diese mit der Heidelbeerkonfitüre bestreichen und einfach zusammenklappen (halbmondförmig).
(Die Pfannkuchen so auf die Teller legen, dass noch Platz für die Heidelbeeren und die Vanillesahnetupfer bleibt.)
Die Sahnetupfer aufspritzen und evtl. mit halbierten Kirschen und Zitronenmelisse garnieren.

Kleines Käse-Abc

Affinieren
Darunter versteht der Käsefachmann die Käsepflege. Der Affineur ist der Käsepfleger, welcher den Käse bis zum gewünschten Reifezustand fachgerecht pflegt und behandelt.

Albuminkäse
Als Albuminkäse wird z. B. Zieger (Topfen) bezeichnet; er ist auch unter dem Namen „Eiweißkäse" bekannt, weil er viel Eiweiß aus der Molke enthält, deshalb wird er auch „Molkeneiweißkäse" genannt. Der Namensgeber dieses Käses ist das Albumin: Dieser wasserlösliche Eiweißkörper ist speziell in Milchprodukten enthalten.

Alpkäse
Auch als Alpenkäse oder Almkäse bekannt. Es handelt sich um Käsesorten, die auf der Alp hergestellt werden.

Bauernkäse
Wird auf dem Bauernhof produziert und ist in der Regel ein Rohmilchkäse.

Brennen
Bei der Emmentalerherstellung wird die Milch auf ca. 51 °C erhitzt, was ungefähr 1 Std. dauert. Dieser Vorgang wird als „Brennen" bezeichnet.

Blank
Wenn die Oberfläche eines Käses ohne Rinde und ohne Haut ist, aber auch keine Schimmel- oder Käseflora aufweist und keinen Öl- oder Plastiküberzug hat, dann ist dieser Käse „blank".

Bruch
Ist die dicke, geronnene Milch, bei der sich die festen Bestandteile von der flüssigen Molke trennen. Hervorgerufen wird dieser Zustand durch Zugabe von Lab.

Bruchlochung
Siehe unter Lochung.

Casein
Ist das bei der Käseherstellung so wichtige Eiweiß, von dem der Käse auch seinen Namen hat.

Cendré
Ist das französische Wort für Asche. Ziegenkäse wird mit Asche bestäubt, welche aus pulverisierter Holzkohle hergestellt wird.

Definierte Käse
Bei diesen Käsesorten werden per Gesetz Eigenschaften und Zusammensetzung festgelegt.

Dicklegen
Die Milch wird durch Beigabe von Milchsäurebakterien oder Kälber-Lab zum Gerinnen gebracht.

Enzyme
Sind in lebenden Zellen gebildete spezielle Eiweißstoffe. Man nennt sie Biokatalysatoren, weil sie biochemische Vorgänge und Umsetzungen beschleunigen. Enzym bedeutet auch Ferment bzw. „Sauerteig".

F.i.T.
Auch Fett. i. Tr. ist die Abkürzung für Fett in der Trockenmasse. Wird vom Gewicht des Käses das Wasser abgezogen, dann erhält man die Trocken-

masse. F.i.T. ist also der prozentuale Fettanteil in der Käsemasse ohne Wasser.

Gallerte
So wird die „dickgelegte" Milch genannt; Fachleute verwenden dafür auch den Begriff „Koagulum".

Gärlochung
Das bei der Gärung und Reifung entstehende Gas bildet im Käse die sog. Gärlöcher.

Gärung (Fermentation)
Ist jener Vorgang, bei dem durch Mikroorganismen der Zucker anaerob umgewandelt wird, um Energie für Wachstum zu gewinnen. Je nach Gärungsprodukten wird von Milchsäure-, Propionsäure-, Buttersäure-, Essigsäure- oder Alkoholgärung gesprochen.

Geschlossener Teig
Wenn das Innere des Käses wenige oder gar keine Löcher aufweist, spricht der Fachmann vom geschlossenen Teig.

Käseflora
Ist die Gesamtheit der Mikroorganismen, welche im Käse oder auf dem Käse sich während der Herstellung und Reifung bilden bzw. vorhanden sind. Der Fachmann spricht von einer Gelbflora oder Rotflora.

Käsereimilch
Wird auch als Kesselmilch bezeichnet (weil sie im Kessel erwärmt wird); ist oft mit Milchsäurebakterien vorbehandelt, kann roh oder wärmebehandelt sein und wird auf einen Fettgehalt von 3,0 - 3,1% eingestellt.

Lab
Ist ein Enzym aus dem Magen vom Kalb oder von anderen Säugetieren. Das Lab dient zum Dicklegen der Milch bei der Käseherstellung. Es gibt auch Lab, das aus Pflanzen gewonnen wird (Saft des Feigenbaums, Distelarten, Labkraut).

Lochung
Ist grundsätzlich die Bezeichnung für die Löcher im Käse. Der Käser unterscheidet: Rundlochung, Bruchlochung, Mischlochung, Schlitzlochung.

Milchsäurebakterien
Vergären den Milchzucker zu Milchsäuren und teilweise zu Aromen.

Molke
Ist der flüssige Teil der Milch, der sich beim Dicklegen von den festen Bestandteilen trennt. Die Schweizer bezeichnen die Molke als Sirte.

Molkenkäse
So wird im Allgäu der Zieger (Topfen) genannt, im übrigen Deutschland auch als Albuminkäse bekannt. In Skandinavien, vorwiegend in Norwegen, wird dieser Käse aus eingedampfter Molke hergestellt; er wird dort „Mysost" genannt.

Offener Teig
Im Gegensatz zum geschlossenen Teig verfügt dieser Käse in seinem Inneren über eine reichliche Lochbildung.

Pasteurisieren
Wird das kurzfristige Erhitzen von Rohmilch auf 70 - 72 °C genannt. Durch schonendes Erhitzen werden Lebensmittel für kurze Zeit haltbar

gemacht, wie z. B. die Milch. Benannt ist dieses Verfahren nach dem Franzosen Louis Pasteur.

pH-Wert
Ist ein Maßstab für die Säuerung und kann durch eine physikalische Untersuchung bestimmt werden. Dieser Säurewert oder pH-Wert zeigt an, ob Säure oder Base vorhanden ist, oder wie stark die Säure oder die Base ist.

Rindenschluss
Die Bruchkörner müssen sich so gut miteinander verbinden, dass die Oberfläche des Käses glatt ist und keine Einbuchtungen aufweist.

Rotflora - Käseflora
Bezeichnen den Hauptteil der nicht säurebildenden Bakterienflora mit den wichtigen Linens-Bakterien an der Käseoberfläche.

Rundlochung
Siehe unter Lochung!

Salzbad
Ist eine Salzlösung von 15 - 20 %, in der die Käse so lange „baden", bis sie den gewünschten Salzgehalt erreicht haben.

Schimmelkulturen
Ist die allgemeine Bezeichnung für ausgewählte Oberflächen- und Innenschimmel.

Schlitzlochung
Entsteht, wenn der Käse sehr stark gepresst wird und dadurch die Löcher ganz flach gedrückt werden und somit keine Rundlochung entstehen kann.

Schmiere
Unter Käseflora beschrieben!

Starterkulturen
Sind Milchsäurebakterien mit günstigen Säuerungs- und Reifungseigenschaften.

Teig
So wird das Innere des Käses bezeichnet.

Thermisieren
Ist das kurze Erhitzen der Rohmilch von 63° auf 65°C.

Trockenmasse
Siehe unter F.i.T bzw. Fett i. Tr.

Vakuumverpackt
Käse wird in einen Plastikbeutel gegeben, danach die Luft abgesaugt und luftdicht verschlossen.

Wff
Damit wird der Wassergehalt in der fettfreien Käsemasse bezeichnet. Die fettfreie Käsemasse mit Wasseranteil, jedoch ohne Fettanteil.

Zieger (Ziger)
Siehe unter Albuminkäse oder Molkenkäse.

Aufbewahrung von Käse

Käse ist ein Naturprodukt und ein solches verändert sich mit der Zeit, weil es weiterreift. Ein „Lebewesen“ wie der Käse braucht Luft zum Atmen und Feuchtigkeit, damit es nicht austrocknet. Gewissenhafte Aufmerksamkeit bei der Lagerung und Pflege lohnt sich.

Die beste Lagertemperatur liegt bei 10 - 14 °C für Hart- und Schnittkäse. Weichkäse ist bei 15 °C gut aufgehoben. Frischkäse sollte bei + 4 °C gelagert werden.

Die ideale Serviertemperatur für Käse ist 16 °C (wie der Rotwein). Zu niedrige Temperaturen stoppen die Reifung und das Aroma stirbt ab.

Käse braucht Luft und Feuchtigkeit, deshalb darf er nicht luftdicht in Folie verpackt werden. Anschnittflächen sind durch eine gelochte Folie zu schützen.

Käse soll auf einen Lattenrost oder auf Strohmatten gelegt und mit einem in Salzwasser getränkten Tuch abgedeckt werden. Das Tuch muss jeden Tag neu getränkt und zwischendurch auch gewaschen werden.

Für Hotel- und Gasstättenbetriebe wäre ein „Klima-Schrank“ die ideale Lösung, denn dieser verfügt über zwei Klimazonen, welche auf unterschiedliche Temperatur gestellt werden können. So kann man gleichzeitig in einer Zone den Käse lagern und in der zweiten Zone den Käse servierbereit halten.

Für den normalen Haushalt sollte der Käsevorrat nur 4 - 5 Tage reichen bzw. gelagert werden, dort sollte er im Gemüsefach seinen Platz haben.

Weichkäse in Pergamentpapier einwickeln.

Käse mit Innenschimmel kann in Folie verpackt werden.

Gekühlten Käse 1 Std. vor Gebrauch aus dem Kühlschrank nehmen.

Käse niemals einfrieren (trocknet total aus und wird „bröckelig“).

Welcher Käse soll wann auf den Tisch?

Grundsätzlich ist dies dem Geschmack jedes Einzelnen überlassen, aber es gibt auch ein paar Grundregeln.

Zum Frühstück ist milder Käse geeignet, da der Gaumen noch besonders empfindlich ist. Empfehlenswert wäre: Speisequark, Doppelrahmfrischkäse, Schmelzkäse, Butterkäse etc.

Zum Mittagessen sind warme Käsegerichte mit Emmentaler oder Bergkäse geeignet.

Am Abend können dann die pikanten, würzigen Sorten angeboten werden (Weißlacker, Romadur, Ziegenkäse, Schafskäse, eingelegter Käse …).

Haben Sie es schon gewusst?

Wie kommen die Löcher in den Käse? Allgäuer Emmentaler oder Bergkäse sind Labkäse. Während der Reifung der Käsemasse entstehen Gär-Gase, diese können nicht entweichen und so entstehen Blasen bzw. Löcher. Je höher die Reifetemperatur im Gärkeller, umso größer die Löcher. Der Emmentaler hat also größere Löcher, weil er bei einer höheren Temperatur gelagert wird als der Bergkäse.

Das Wort Käse stammt vom Lateinischen „caseus" ab. Das französische Wort „fromage" und das italienische Wort „formaggio" sind wiederum Ableitungen vom Lateinischen „coalugum formatum", was so viel wie „geformtes Gerinnsel" bedeutet.

Den ersten Käse gab es wahrscheinlich vor 5000 Jahren in Ägypten und wurde aus Ziegen- oder Schafsmilch hergestellt; dies wurde an Tongefäßen, welche bei Ausgrabungen gefunden wurden, festgestellt.

Der große Durchbruch zur allgemeinen Käsereiwirtschaft gelang erst im 19. Jh., denn um diese Zeit wurde erst die Zentrifuge erfunden. Auch die Züchtung der Kühe auf Milchleistung begann in dieser Zeit.

1827 wurde auf der Gunzesrieder Alpe erstmals Allgäuer Emmentaler vom Schweizer Senn Johann Althaus hergestellt.

Weltweit gibt es über 4000 Käsesorten, davon über 600 in Deutschland.

Die Griechen haben den größten Käseverbrauch, pro Kopf und Jahr sind es 20 kg. Danach folgen erst Frankreich, Israel, Italien und Deutschland (ca. 15 kg pro Kopf/Jahr). In Russland wird sehr wenig Käse gegessen, nur 5 kg pro Kopf/Jahr, in China verzehrt man noch weniger Käse.

Für die Herstellung von Emmentaler und Bergkäse darf keine pasteurisierte Milch verwendet werden, das Ausgangsprodukt muss rohe Kuhmilch sein und diese muss „käsereitauglich" sein, d. h. eiweißreich und säurearm. Der Fettgehalt wird „eingestellt" auf 3,0 bis 3,1 %, bei zu wenig Fettgehalt wird Rahm beigegeben, bei zu viel wird Rahm abgeschöpft.

Ursprünglich wog ein Emmentaler 75 kg, dafür wurden 1000 kg Milch benötigt.

Für 1 kg Bergkäse werden 11 Liter Milch benötigt.

Futterbedingt geben die Kühe am Anfang des Alpsommers wesentlich mehr Milch als am Ende.

Hartkäse reift gleichmäßig; Weichkäse von außen nach innen.

Die erste deutsche Butter- und Käseverordnung wurde von Kaiser Karl dem Großen in Aachen im Jahre 812 erlassen. Mindestgewicht und Preise wurden festgelegt.

Rezeptregister

Kalte Käse-Küche

Käsesalate

Kalte Salat-Käsesaucen

Salatsaucen mit Buttermilch und Kefir

Allgäuer Käse als Brotaufstrich

Süßspeisen – Nachtisch